JN028522

おとな六法

OTONA ROPPO

岡野武志・アトム法律事務所 著

CROSSMEDIA PUBLISHING

＼面白くて役に立つ／
おとな六法の楽しみ方

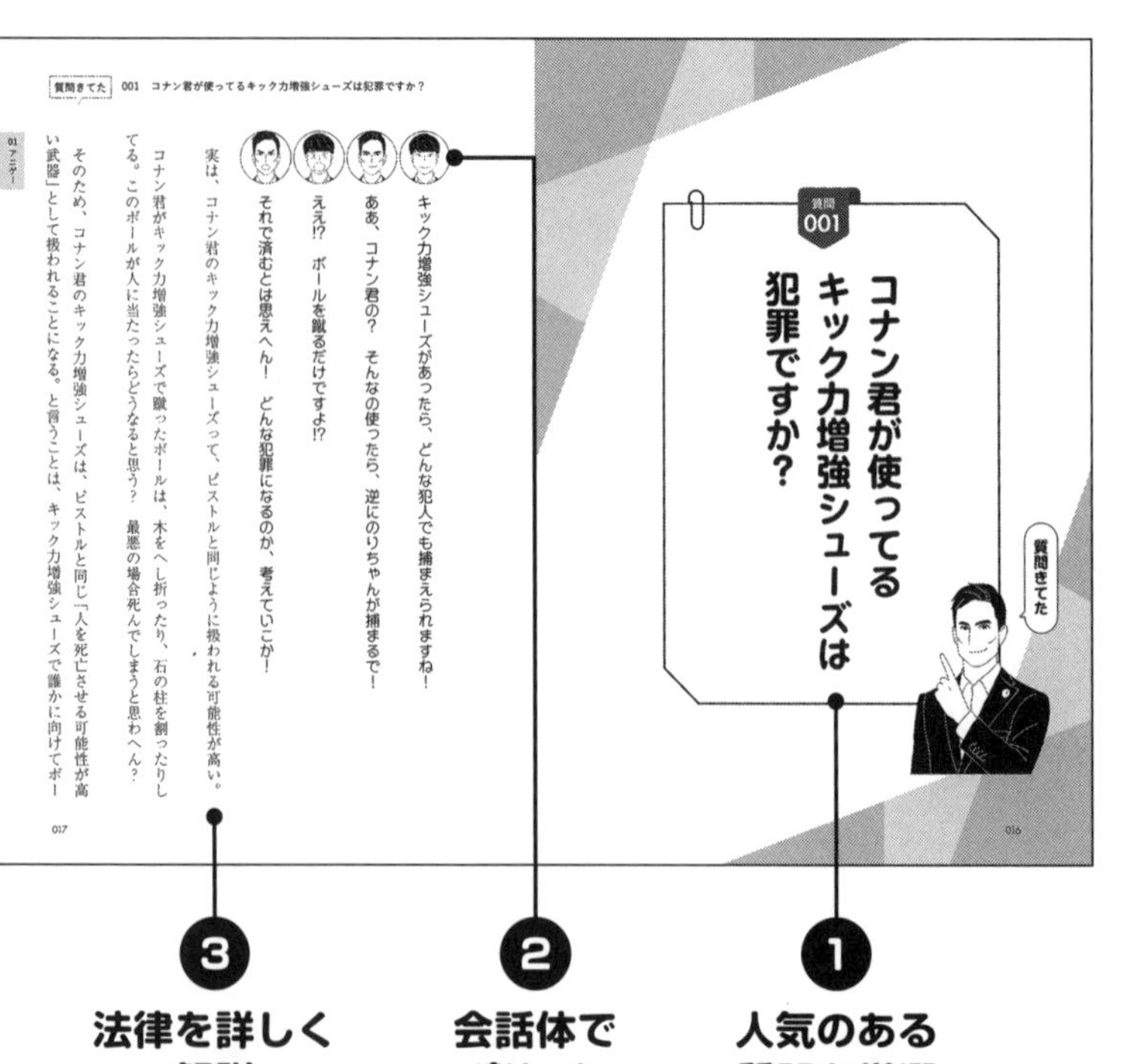

質問 001

コナン君が使ってるキック力増強シューズは犯罪ですか？

016

質問きてた　001　コナン君が使ってるキック力増強シューズは犯罪ですか？

01 アニゲー

キック力増強シューズがあったら、どんな犯人でも捕まえられますね！

ああ、コナン君の？　そんなの使ったら、逆にのりちゃんが捕まるで！

ええ!?　ボールを蹴るだけですよ!?

それで済むとは思えへん！　どんな犯罪になるのか、考えていこか！

実は、コナン君のキック力増強シューズって、ピストルと同じように扱われる可能性が高い。

コナン君がキック力増強シューズで蹴ったボールは、木をへし折ったり、石の柱を割ったりしてる。このボールが人に当たったらどうなると思う？　最悪の場合死んでしまうと思わへん？

そのため、コナン君のキック力増強シューズは、ピストルと同じ「人を死亡させる可能性が高い武器」として扱われることになる。と言うことは、キック力増強シューズで誰かに向けてボー

017

❶ 人気のある質問を厳選

❷ 会話体で楽しく

❸ 法律を詳しく解説

登場人物プロフィール

岡野タケシ弁護士

アトム法律事務所の代表弁護士。YouTubeの登録者数は150万人。「質問きてた!」というフレーズで身近な法律問題を解説する動画で大人気。

のりちゃん

アトム法律事務所の動画編集スタッフ。法律には詳しくないので、タケシ弁護士から教えてもらっている。

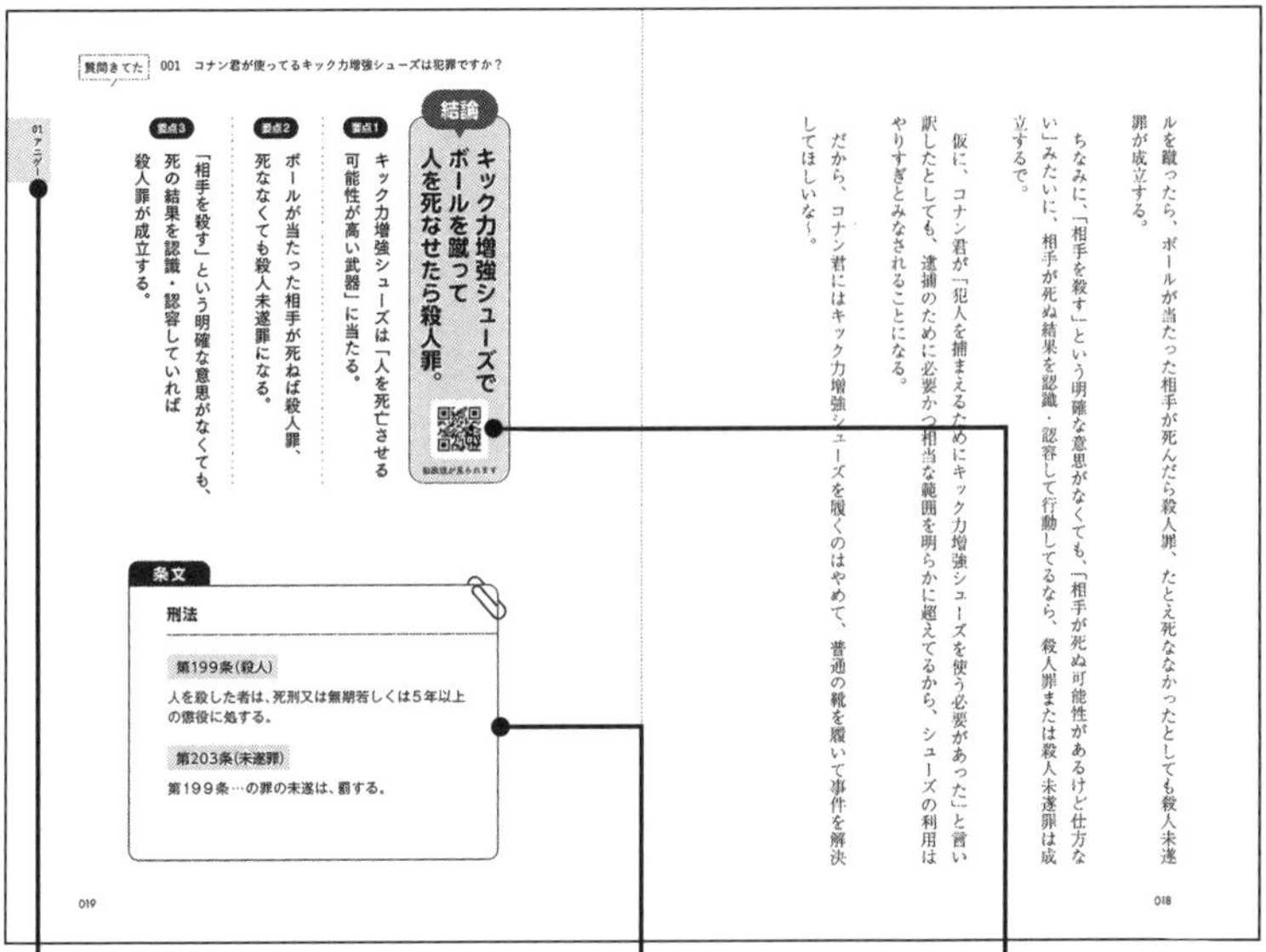

ルを蹴ったら、ボールが当たった相手が死んだら殺人罪、たとえ死ななかったとしても殺人未遂罪が成立する。

ちなみに、「相手を殺す」という明確な意思がなくても、「相手が死ぬ可能性があるけど仕方ない」みたいに、相手が死ぬ結果を認識・認容して行動してるなら、殺人罪または殺人未遂罪は成立するで。

仮に、コナン君が「犯人を捕まえるためにキック力増強シューズを使う必要があった」と言い訳したとしても、逮捕のために必要かつ相当な範囲を明らかに超えてるから、シューズの利用はやりすぎとみなされることになる。

だから、コナン君にはキック力増強シューズを履くのはやめて、普通の靴を履いて事件を解決してほしいな〜。

018

質問きてた　001　コナン君が使ってるキック力増強シューズは犯罪ですか？

01 アニゲー

結論

キック力増強シューズでボールを蹴って人を死なせたら殺人罪。

動画版が見られます

要点1 キック力増強シューズは「人を死亡させる可能性が高い武器」に当たる。

要点2 ボールが当たった相手が死ねば殺人罪、死ななくても殺人未遂罪になる。

要点3 「相手を殺す」という明確な意思がなくても、死の結果を認識・認容していれば殺人罪が成立する。

条文

刑法

第199条(殺人)

人を殺した者は、死刑又は無期若しくは5年以上の懲役に処する。

第203条(未遂罪)

第199条…の罪の未遂は、罰する。

019

4 動画版も見られる

5 理解に役立つ条文や図表を掲載

6 法律ジャンル

目次

02 学校

05 刑務所

06 事故被害

07 ネット

08 裁判

09 司法試験

10 弁護士

11 アトム

Atom Law Office

Ayaka Kawashima

Takahiro Tomizawa

Koki Nakashima

Kyoko Yoshikawa

Takanori Nagao

Jo Takezawa

* * *

Takeshi Okano (Author)

Crossmedia Publishing

Kazuyuki Suga (AE)

Rukino Uchiyama (DTP)

Yoshimi Ara (DTP)

Airi Mieno (D)

Tadafumi Jo (AD)

Eriko Iwase (PR)

Hidemi Kawabe (Editor)

アニゲー

ATOM
アトム法律事務所

質問
001

コナン君が使ってるキック力増強シューズは犯罪ですか？

質問きてた

キック力増強シューズがあったら、どんな犯人でも捕まえられますね！

ああ、コナン君の？　そんなの使ったら、逆にのりちゃんが捕まるで！

ええ!?　ボールを蹴るだけですよ!?

それで済むとは思えへん！　どんな犯罪になるのか、考えていこか！

実は、コナン君のキック力増強シューズって、ピストルと同じように扱われる可能性が高い。

コナン君がキック力増強シューズで蹴ったボールは、木をへし折ったり、石の柱を割ったりしてる。このボールが人に当たったらどうなると思う？　最悪の場合死んでしまうと思わへん？

そのため、コナン君のキック力増強シューズは、ピストルと同じ「人を死亡させる可能性が高い武器」として扱われることになる。と言うことは、キック力増強シューズで誰かに向けてボールを蹴ったら、ボールが当たった相手が死んだら殺人罪、たとえ死ななかったとしても殺人未遂罪が成立する。

ちなみに、「相手を殺す」という明確な意思がなくても、「相手が死ぬ可能性があるけど仕方ない」みたいに、相手が死ぬ結果を認識・認容して行動してるなら、殺人罪または殺人未遂罪は成立するで。

仮に、コナン君が「犯人を捕まえるためにキック力増強シューズを使う必要があった」と言い訳したとしても、逮捕のために必要かつ相当な範囲を明らかに超えてるから、シューズの利用はやりすぎとみなされることになる。

だから、コナン君にはキック力増強シューズを履くのはやめて、普通の靴を履いて事件を解決してほしいな〜。

結論

キック力増強シューズでボールを蹴って人を死なせたら殺人罪。

動画版が見られます

要点1

キック力増強シューズは「人を死亡させる可能性が高い武器」に当たる。

要点2

ボールが当たった相手が死ねば殺人罪、死ななくても殺人未遂罪になる。

要点3

「相手を殺す」という明確な意思がなくても、死の結果を認識・認容していれば殺人罪が成立する。

条文

刑法

第199条(殺人)

人を殺した者は、死刑又は無期若しくは5年以上の懲役に処する。

第203条(未遂罪)

第199条…の罪の未遂は、罰する。

質問
002

ウルトラマンが怪獣と戦う中で街を壊すのは犯罪ですか？

質問きてた

ウルトラマンって、怪獣と戦うとき、街も壊してますよね？

せやね。結構派手に壊してるときもあるね。

ウルトラマンが街を壊したら、犯罪にならないんですか？

そしたら、ウルトラマンが街を壊したら犯罪に問われるのか、考えていこか！

ウルトラマンが街を壊したことで、問われる可能性があるのは建造物損壊罪。他人の建物などをわざと壊したときに問われる罪やね。

もっとも、緊急避難の要件を満たす場合は、街を壊すことも「社会的に相当で、違法ではない」と判断されることになるから、建造物損壊罪には問われない。緊急避難とは、差し迫った危険を避けるためにやむを得ず何かを壊したり誰かをケガさせたりした場合、被害の程度によっては責任が小さくなったり、責任が問われなくなったりすること。

じゃあ、ウルトラマンが街を壊すのは緊急避難になるんやろか？　まず、ウルトラマンが街を壊してしまうのは、怪獣から人々の命を守るために戦う中でやむを得ずにしたことと言える。また、ウルトラマンが戦ったことによる被害より、ウルトラマンが戦わなかった場合の怪獣による被害の方が大きくなると考えられる。

と言うことは、ウルトラマンが街を壊す行為は緊急避難と言え、ウルトラマンは無罪になる。

ただ、ウルトラマンが積極的に怪獣に攻撃を加えるのは別問題。人々を守るためとは言え、防衛の程度を超えて積極的に怪獣を攻撃したり、スペシウム光線で怪獣を痛めつけたりするのは、過剰防衛として違法と判断される可能性がある。

攻撃しすぎの場合は、もし後日、怪獣のお母さんから損害賠償を請求されたら、ウルトラマンには多額の支払い義務が生じることになるかも。

結論

ウルトラマンが街を壊すのは、無罪。

動画版が見られます

要点1

街の破壊は、基本的に建造物損壊罪になる。

要点2

しかし、緊急避難にあたるときは、犯罪は成立しない。

要点3

人々の命を守るために怪獣と戦って街を壊すのは緊急避難にあたる。

質問
003

グランドセフトオートでトラックを無理やり奪ったら何罪ですか？

質問きてた

タケシさん！　今日は法律厳守でゲームの「グランドセフトオート」をしてみます！

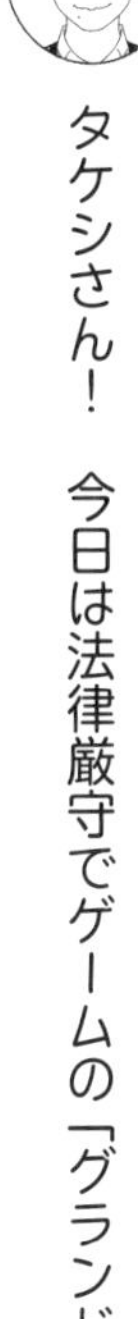

おれ、本物の弁護士やからね。犯罪になることをしたらすぐ止めるで。

あ、トラック見つけました！　そのトラックくださ〜い！　運転手さん邪魔！

（ズリズリリーッ）

アウト アウト アウト！　運転手さん引きずり出してトラック奪っとるやんか！

トラックを無理やり奪うのはもちろん犯罪！　暴行や脅迫といった手段で人の物を無理やり奪えば、刑法２３６条の強盗罪に問われる。強盗罪の刑罰は、罰金刑はなく、５年以上の懲役。

さらに、強盗したときに人にケガをさせたら刑法２４０条の強盗致傷罪になる。刑罰は無期懲役か6年以上の懲役。

そして、最悪、その人が死んでしまったら強盗致死罪になる。

今のりちゃんが引きずり出したトラックの運転手さん、道で頭を打って動かなくなってるやん！　もしこのまま打ちどころが悪くて亡くなったら、強盗致死罪が成立するで。

ちなみに、強盗致死罪の刑罰って知ってる？　死刑か無期懲役の２択。これは殺人罪よりも重い刑罰やねん。のりちゃんは街で目についたトラックをいきなり強盗するみたいな、無差別テロのようなことをしてるから、死刑の可能性もゼロじゃないで。

もしかしたら、自首したら少しは刑罰下がるかもしれないから、今すぐ最寄りの警察に自首しよう。逃げても指名手配されてどうせ捕まるで。あと、こんな危ないゲームは没収や！

結論

暴力を用いてトラックを奪うのは、強盗罪。

動画版が見られます

要点1

強盗罪とは、暴力や脅迫を用いて人のものを無理やり奪う犯罪。刑罰は5年以上の懲役。

要点2

さらに、相手がケガをしたら強盗致傷罪になる。刑罰は6年以上の懲役または無期懲役。

要点3

最悪、相手が亡くなったら強盗致死罪になる。刑罰は死刑または無期懲役。

条文

刑法

第236条1項(強盗)

暴行又は脅迫を用いて他人の財物を強取した者は、強盗の罪とし、5年以上の有期懲役に処する。

第240条(強盗致死傷)

強盗が、人を負傷させたときは無期又は6年以上の懲役に処し、死亡させたときは死刑又は無期懲役に処する。

質問
004

スマブラのキャラで犯罪になるのって誰ですか？

法律厳守！　「大乱闘スマッシュブラザーズ」!!　イエーイ!!

人気ゲームのキャラクターがたくさんいるね。どのキャラクターを選ぶん？

今回は「ゼルダの伝説」のリンクです！　よし、絶対勝つぞ〜！

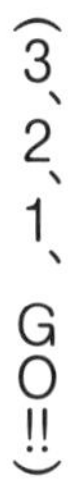

（3、2、1、GO!!）

はいアウト アウト アウト！　そんな長い刃物持ってたらあかんで!!

刃体の長さが6センチ以上の刃物を持ち歩いたら、原則的に銃刀法22条違反になり、2年以下の懲役または30万円以下の罰金になる。

なお、刃体の長さが6センチを超えない刃物でも、隠して持ち歩いたら軽犯罪法1条2号違反になり、拘留または科料になることがある。ちなみに、拘留は刑事施設に30日未満入れられる刑罰、科料は1万円未満のお金を支払う刑罰やで。

正当な理由があれば刃物を持ち運んでも大丈夫やけど、このリンクっていうキャラはなんか正当な理由ある？　たとえば、この長い刃物をお店で買って持ち帰る途中なら、正当な理由と認められてセーフになると思うけど。う〜ん、どう見ても買い物帰りじゃなくて今から戦おうとしてるように見えるな〜。正当な理由、ないんちゃうかな〜。

ちなみに、この長い刃物が護身用だったとしても、持ち運ぶ正当な理由にならないからね。警察は「護身用として刃物を持ち運ぶのは正当な理由にはならない」と注意している。裁判所の判断を参考にして考えてみても、リンクが護身のためにこの刃物を持ち歩いていたとしてもアウトになるよ。

と言うわけで、リンクは銃刀法22条違反で懲役か罰金！　こんな長い刃物を振り回してたら、すぐ警察に通報されて現行犯逮捕されるで。この危ないゲームも没収や！

結論

リンクは刃物を携帯しているので銃刀法違反。

動画版が見られます

要点1

刃体6センチ以上の刃物の携帯は、銃刀法22条違反になる。

要点2

刃体6センチ未満の刃物を隠して持ち歩くと、軽犯罪違反になる。

要点3

リンクには、刃物を護身用に持ち運ぶ正当な理由もないのでアウト。

質問
005
デスノートに
名前を書いたら
殺人罪ですか？
質問きてた

タケシさん、デスノートって知ってますか？

ああ、あの、ノートに名前を書いたら人が死ぬやつ？

そうです！　もしデスノートで人を殺したら、殺人罪になるんですか？

うーん。デスノートで人を殺したら殺人罪になるか、一緒に考えてみよう。

まず、殺人罪が成立するためには、誰かが人を殺したことと、その殺害方法が「科学的に見て一定以上の確率で人が死ぬような行為」であることが証明されなければいけない。

と言うことは、デスノートで人を殺したら殺人罪になるかどうかは、デスノートに名前を書くことが「科学的に見て、一定以上の確率で人が死ぬような行為」として認められるかが争点になるね。

じゃあ、のりちゃんがデスノートに「岡野タケシ　毒で死亡」と書いて、おれが誰かに毒を盛られて死んだらどうなるやろ。

この例では、「岡野タケシが毒で死んだ」という死因は科学的に説明できるので、毒を盛った相手は殺人罪に問える。

けれど、「のりちゃんがデスノートに名前を書いたから、岡野タケシが誰かに毒を盛られて死んだ」ということは、今の自然科学では説明できない。よって、のりちゃんは岡野タケシの死と関係ないことになる。

だから、デスノートに名前を書いても殺人罪は成立しない。

これと似ているのが、丑の刻参り。丑の刻参りで誰かが呪い殺されたとしても、科学的に説明できないので、デスノートと同じく殺人罪には問えない。殺人罪が成立するのは、殺害方法を科学的に説明できるときだけ。

結論

デスノートで相手が死んでも、殺人罪にはならない。

動画版が見られます

要点1

科学的に説明できる死因なら、殺人罪になる。

要点2

デスノートに名前を書くことは、科学的に説明できる死因にならない。

要点3

科学的に説明できる死因とは、毒による中毒死など。

質問
006

進撃の巨人に出てくる立体起動装置を使ったら犯罪ですか？

タケシさん、『進撃の巨人』の立体起動装置って知ってますか？

あの、なんか腰につけてワイヤーを使ってビュンビュン飛ぶ装置？

そうです！　あの立体起動装置で空を飛んで出勤してみたいな〜！

ちょっと待った！　そんなことしたら、犯罪になるかもしれんで！

『進撃の巨人』の立体起動装置って、日本の法律では、小型無人機等飛行禁止法における特定航空用機器に該当する。ハンググライダーやパラグライダーと同じ扱いってことやね。

特定航空用機器で空を飛ぶこと自体は、基本的に問題ない。ただし、特定航空用機器で空を飛ぶのが禁止されているエリアもある。

禁止されているエリアとは、国会議事堂や首相官邸といった国の重要施設や、大使館といった外国公館、自衛隊の基地といった防衛施設、空港、原子力事業所の周囲300メートル。このエリアの上空を特定航空用機器を使って飛んだり、警察の退去命令に従わなかったりすると、1年以下の懲役または50万円以下の罰金が科される。

アトム法律事務所って、国会議事堂や首相官邸のすぐそばにあるやろ? こんな場所に立体起動装置で空を飛びながら出勤しようとしたら、禁止エリアに絶対引っかかるで!

あと、立体起動装置って建物の壁にアンカーを打ち込んでワイヤーで空を飛ぶ仕組みになってるよね。建物の壁にアンカーを打ち込んだ時点で建造物損壊罪になるから、立体起動装置で少し移動しただけでも通報されて、警察に逮捕されるんちゃうかな。

立体起動装置はかっこいいけど、のりちゃんが出勤に使うのはやめといた方がええで。

結論

飛ぶ場所によっては、犯罪になる。

動画版が見られます

要点1

立体起動装置は、小型無人機等飛行禁止法の特定航空用機器にあたる。

要点2

そのため、国の重要施設などの禁止されたエリアを飛ぶと犯罪になる。

要点3

さらに、立体起動装置で建物の壁にアンカーを打ち込むと建造物損壊罪になる。

条文

小型無人機等飛行禁止法

第1条（目的）

この法律は、国会議事堂、内閣総理大臣官邸その他の国の重要な施設等…の周辺地域の上空における小型無人機等の飛行を禁止することにより、これらの重要施設に対する危険を未然に防止し、もって国政の中枢機能等…並びに公共の安全の確保に資することを目的とする。

※法律の正式名称は「重要施設の周辺地域の上空における小型無人機等の飛行の禁止に関する法律」

質問
007

フォートナイトで建物を建てるのは違法ですか？

質問きてた 007 フォートナイトで建物を建てるのは違法ですか？

法律厳守！「フォートナイト」〜〜〜〜!! パフパフパフ！

フォートナイトで法律違反あったらすぐ止めるで！

タケシさん！このゲームって、戦うだけじゃなくて建築もできるんですよ！こうやって、壁や屋根をつくって敵の攻撃を防いだり……。

待って 待って 待って、それ届け出してるん!?

フォートナイトで勝手に建築するのは法律的にアウトの可能性がある。建築基準法では、一定以上の規模の建物を建築するときは、自治体に届け出て確認済証を交付してもらう必要があると定められているから。

これ、何で届け出が必要かと言うと、建築しようとしている建物が命や財産を守れるくらい安全かどうか確認してもらうため。と言うか、のりちゃん、それ確認済証ももらってないし、建物として安全なん？　すぐ壊れる建物なんてあかんやろ！

それと、大前提として、他人の土地に勝手に建物を建てるのもアウト。刑法２３５条の2、不動産侵奪罪になり、10年以下の懲役が科される。

建物を建てるんやったら、その土地を買うか借りるかして、利用できる権利を得ておかないとね。のりちゃんが建築しようとしてる、そのフォートナイトの島の土地って誰が所有してるん？　まずは登記を調べにいかんと。

まとめると、もしフォートナイトで建築するなら、まずは役所に行って登記を確認。そして、土地の持ち主から土地を買うなり借りるなりしておく。それから、事前に建築計画の概要書や図面などを準備して役所に届け出て、確認済証をもらっておく。

ここまで準備したら、法律的にも問題ない建物がつくれる。のりちゃんは今から役所に行って登記の確認から！

質問きてた　007　フォートナイトで建物を建てるのは違法ですか？

結論

建物を建てるなら、自治体への届出などしないと違法。

動画版が見られます

要点1

一定規模以上の建築をするなら、自治体に届け出て確認済証をもらう必要がある。

要点2

また、他人の土地に勝手に建築すると、不動産侵奪罪になる。

要点3

所有者から土地を買うなどして、土地を利用する権利も得ておかなければならない。

条文

建築基準法

第6条（建築物の建築等に関する申請及び確認）

建築主は…建築物を建築しようとする場合…当該工事に着手する前に、その計画が建築基準関係規定…に適合するものであることについて、確認の申請書を提出して建築主事の確認を受け、確認済証の交付を受けなければならない。（以下は省略）

刑法

第235条の2（不動産侵奪）

他人の不動産を侵奪した者は、10年以下の懲役に処する。

質問
008

サザエさんの波平さんが大切にする1本の髪の毛を抜くのは犯罪ですか?

質問きてた

質問きてた 008 サザエさんの波平さんが大切にする1本の髪の毛を抜くのは犯罪ですか？

サザエさんの波平さんって、頭の上に1本だけ髪の毛が生えてますよね？

そうやね。めっちゃ大事にしてはるね。

もし、あの髪の毛を誰かが抜いたら、犯罪になりますか？

そんな酷いことしたらあかん！　どんな罪に問われるか説明するわ。

他人の髪の毛を抜いた場合は、傷害罪に問われる可能性がある。

傷害罪って、他人にケガをさせたら問われる犯罪のこと。もし波平さんが大事にしている髪の毛を引き抜いたら、毛根の近くの血管や頭皮を傷つけたとして、傷害罪が成立する可能性があるねん。

波平さんはこれまで数々の髪の毛との別れを経験し、残ったあの1本の髪の毛を大切にケアしてきたわけやん。そんな波平さんの気持ちを考えたら、もしおれが検察官なら絶対に許せないし、何とかして傷害罪で起訴したいって考えるやろな！

また、仮に波平さんの1本の髪の毛を抜くのではなくハサミなどで切った場合は、暴行罪に問われる可能性がある。暴行罪って、他人に暴力をふるう犯罪のこと。傷害罪との違いは、相手がケガをしたかどうか。

実際にあった裁判例だと、女性の髪を切った場合に暴行罪、女性の髪をすべて切ったり剃ったりした場合に傷害罪に問われたケースがある。この裁判例を踏まえると、波平さんの髪の毛を切っただけなら暴行罪に当てはまるやろな。

とにかく、波平さんが大事にしている髪の毛を抜いたり切ったりするなんて、絶対にやったらあかんで！

質問きてた　008　サザエさんの波平さんが大切にする１本の髪の毛を抜くのは犯罪ですか？

結論

髪の毛を抜いたら、傷害罪になる可能性がある。

動画版が見られます

要点1

傷害罪は、人にケガをさせたら成立する。

要点2

毛を引き抜くと、毛根の近くの血管や頭皮を傷つけたとして、傷害罪になる可能性がある。

要点3

毛を抜くのではなくハサミで切った場合は、暴行罪になる可能性がある。

質問
009
バイオハザードで
ゾンビを撃つのは
犯罪ですか?
質問きてた

法律厳守！　「バイオハザード」!!

バイオハザードならおれもやったことあるわ。この主人公は警察官なんやね？

そうです！　あっ、ゾンビ出てきました！　よーし、この銃で！（バーン！）

アウト アウト アウト!!　そんなすぐに撃ったらあかんで！

警察官が拳銃を取り扱うときのルールは「警察官等拳銃使用及び取扱い規範」で定められている。拳銃を撃つときはこのルールで決められた順序を守らないといけない。

まず、拳銃を取り出したあと、すぐに撃つのは基本的にアウト。「止まれ！　これ以上近づいたら撃つぞ！」といった感じで撃つ予告をしなければいけない。

次に、予告したあとでも、すぐに相手を撃ったらアウト。上空や安全な方向に銃を向け、威嚇射撃をする必要がある。

これらの手順を踏んでもなお、自分や周りの人が危険な状況が続いているなら、ここでようやく拳銃を撃つことができる。

ただし、撃つにしても、相手の頭や心臓などを狙うのはアウト。拳銃を撃つのはあくまで犯人を捕まえるためなので、犯人の命を奪わないように、足とか腕を撃たないといけない。

実際に、過去には警察官が威嚇射撃として安全な方向へ撃ったつもりが、相手の胸に命中して殺してしまい、業務上過失致死罪に問われた事件がある。

と言うかこの人、ゾンビじゃなくて、ちょっと顔色が悪いだけの一般市民ちゃう？　錯乱してるだけかもしれへんし、いきなり撃つとか絶対にやりすぎやで。こんな危ないゲームも没収や！

結論

いきなり撃つのは犯罪。予告、威嚇射撃をしないとだめ。

動画版が見られます

要点1

警察官が拳銃を撃つときは、まず予告をする。

要点2

次に、上空などに向けて発砲し、威嚇射撃をする。

要点3

それでも危険な状況が続いているなら、頭ではなく足や腕を狙って撃つ。

「警察官等拳銃使用及び取扱い規範」で定められる発砲手順

手順		
①	拳銃を構える	第5条
②	撃つことを予告する	第6条
③	威嚇射撃する	第7条
④	相手に射撃する	第8条

質問
010
クレヨンしんちゃんの
「ケツだけ星人」は
犯罪ですか？
質問きてた

ぶりぶり〜！　ぶりぶり〜！

のりちゃん、何してるん？

クレヨンしんちゃんのケツだけ星人ですよ！
しんちゃんもやってるんだから、これは犯罪じゃないですよね？

待って待って！　しんちゃんとのりちゃんは全然ちゃうで!!

しんちゃんって5歳の幼稚園児。だから、ケツだけ星人をやっても無罪になる。なぜなら、刑法41条には、「14歳に満たない者の行為は罰しない」と書かれているから。14歳未満だと、まだ自分のしていることが悪いことかどうか判断できないし、「悪いことだからやめておこう」と自分自身の行動を止めることも難しいため、責任能力がないと考えられている。

ただし、のりちゃんみたいな大人がケツだけ星人をやったら話は別。お尻を出した場所、出し方、出した相手によってさまざまな犯罪が成立する。

たとえば、公の場所でお尻を出したときに一緒に陰部まで露出したら公然わいせつ罪になる。刑罰は6か月以下の懲役または30万円以下の罰金。

また、公衆の目に触れるような場所で人を嫌な気持ちにさせるような形でお尻を出したら、軽犯罪法1条20号違反になり、拘留または科料になる。

さらに、しんちゃんが住んでいる埼玉県なら、公共の場所で卑猥な言動をしたら迷惑防止条例違反になり、6か月以下の懲役または50万円以下の罰金が科される可能性もある。

しんちゃんはケツだけ星人をしても5歳だから無罪やけど、のりちゃんがケツだけ星人をしたら完全にアウトやで！　今すぐお尻しまいや！

結論

しんちゃんは無罪。

動画版が見られます

要点1

しんちゃんは5歳なので、罪には問われない。

要点2

刑法で、14歳に満たない者の行為は罰せられないと決まっている。

要点3

14歳以上の場合は、ケツだけ星人をすると公然わいせつ罪や軽犯罪法違反になる可能性がある。

14歳以上の人が公の場所でお尻を出した場合に成立し得る犯罪

違反する法律や条文	主な法定刑
刑法 第174条 「公然わいせつ」	6か月以下の懲役 または30万円以下の罰金
軽犯罪法第1条20号 「みだりに露出」	拘留（1日以上30日未満） または科料（1千円以上1万円未満）
埼玉県迷惑行為防止条例 第2条の2 2項2号 「卑わいな言動」	6か月以下の懲役 または50万円以下の罰金

法律トリビア

徳川埋蔵金を掘り当てても山分けになる!?

江戸幕府がなくなったときに徳川家が隠したと言われている徳川埋蔵金。もしこの徳川埋蔵金を掘り当てても、すべてもらえるわけではなく、土地の所有者と山分けになる。

これは、民法241条で、他人の土地で埋蔵金を見つけたら発見者と土地の所有者が半分ずつもらえると定められているから。

ただ、埋蔵金の所有者が現れた場合は、単なる落とし物と同じように所有者のものになるし、埋蔵金が埋蔵文化財に当たる場合は、所有者が現れない限り都道府県のものになる。

徳川埋蔵金って、一説では20兆円とも200兆円とも言われている。山分けになるとしてもかなりの金額をもらえるやろな。よし、おれも今から探しにいこ！

学校

ATOM
アトム法律事務所

質問
011

ツーブロック禁止って、ブラック校則になりますか？

011　ツーブロック禁止って、ブラック校則になりますか？

タケシさん、学校がツーブロックを禁止にするのって、ブラック校則ってよく言われてますよね。

ああ、よくニュースとかでも話題になるね。

ツーブロックを禁止にする意味ってありますかね？

そしたら、このブラック校則の問題について一緒に考えてみよか。

学校は校則を決められるけど、中には現代の価値観にあわない不合理な校則が残っている場合もある。こういう校則は「ブラック校則」とも呼ばれている。

ツーブロック禁止も、このブラック校則に当てはまる可能性が高い。そもそも、各人が好きな髪形をする自由は、憲法13条の幸福追求権で保障されている。もともと、人間は生まれながらにして、ツーブロックでも何でも好きな髪形にする自由があるねん。

もし、学校側に合理的な理由があれば、ツーブロックを禁止することもできるけど、ツーブロック禁止に合理的な理由があるとは言い難い面もある。学校側はツーブロック禁止の理由として、「非行に巻き込まれる」や「不良になる」といった理由を持ち出してくるかもしれないけど、現代の価値観に照らせば、ツーブロックと非行・不良の間に関連性があるとは思えない。

だから、個人的にはツーブロックを禁止するのはブラック校則と思ってる。

他にも、髪型に関する校則で言うと、女子の髪型を二つ結びやポニーテールに指定する、もともと髪色が明るかったりくせ毛だったりする場合に地毛証明書を提出させるといった校則も、現代の価値観に照らせばブラック校則と評価される可能性が高い。

もし、ブラック校則って思うような校則があるなら、学校側と生徒たちが校則に関して話し合う場を設けてみるといいかもね。

結論

ツーブロック禁止は、ブラック校則の可能性がある。

動画版が見られます

要点1

髪形の自由は、憲法13条で保障されている。

要点2

ツーブロック禁止は合理的な理由があるとは言い難い。

要点3

もし、ブラック校則と思えるような校則があるなら、話し合う場を設けてみよう。

ブラック校則の例

- 男子は丸刈り、女子はポニーテール以外禁止
- スカートから膝が見えるの禁止
- 遠方でも自転車通学禁止
- 登下校中に水を飲むの禁止
- 眉毛の手入れ禁止
- 部活に強制入部

質問
012

トイレでうんちしている人を上からのぞいたら犯罪ですか？

質問きてた

ノリちゃん、ちょっとおれ、うんちしてくるわ。すぐ戻ってくるから！

うっしっし、タケシさんのうんち、上からのぞいてやるぞ～！

（ガタガタッ）タケシさん、うんちしてますね～!!

うおっ、のりちゃんあかんでそれ！　犯罪やで!!

こんな風に、学校でやりがちないたずらも犯罪になることがある。とくによくあるのは、うんち中のトイレをのぞく、消しゴムの借りパク、上靴隠しの3つ。

まず、人がトイレでうんちをしているところを上からのぞいたら、軽犯罪法1条23号違反になる。「正当な理由なく、トイレのような人が衣服をつけていない場所をのぞいてはいけない」ってちゃんと法律で決められてるねんで。

次に、消しゴムの借りパクは、最初からパクるつもりで借りたのであれば刑法２４６条の詐欺罪に問われる。

最初は消しゴムをパクるつもりはなかったけど、返すのが面倒になってそのまま借りパクしたら、詐欺罪ではなく刑法２５２条の横領罪になる。

最後に、上靴隠しは刑法２６１条の器物損壊罪に問われる。

器物損壊罪って、物を壊した場合だけじゃなくて物を隠した場合でも成立する。なぜなら、器物損壊罪は他人の物を使えなくしたときに成立する犯罪だから。ちなみに、「上履き隠しは窃盗罪にもなるんじゃない？」と思うかもしれないけど、窃盗罪は他人の物を自分の物にして使おうとする意思がないと成立しないので、上履きを隠しただけなら窃盗罪ではなく器物損壊罪になる。

いたずらだとしても、法律違反になる可能性があるから、人が嫌がるようなことは絶対にしたらあかんで。のりちゃん、次にうんちのぞいたら訴えるからな!!

結論

トイレでうんちをしている人をのぞいたら軽犯罪法違反。

動画版が見られます

要点1

正当な理由なく人が衣服をつけていない場所をのぞくと、軽犯罪法違反。

要点2

他にも、学校でやりがちな消しゴムの借りパクは詐欺罪や横領罪。

要点3

上履き隠しは器物損壊罪になる可能性がある。

質問
013

実際にサイコパスな先生っているんですか？

質問きてた

学校って、いい先生もたくさんいると思うんですけど、中には犯罪に手を染める先生もいるんですか？

そやね。実際に先生が生徒を標的に犯罪をしたケースもあるで。

ええっ⁉　そんなサイコパスみたいな先生いるんですか⁉

いるで。そしたら、先生が起こした事件をいくつか紹介しよか。

① 体操着先生

まず紹介するのは、生徒の体操着や通知書、工作の作品などを持ち帰って、家庭ごみとして捨ててしまった先生。犯行の動機は同僚の先生を困らせるため。被害者の生徒はまったく関係なかった。この先生には、器物損壊罪で罰金10万円が言い渡された。

②待ち伏せ盗撮先生

次に紹介するのは、学校の女子トイレに忍び込んでトイレの中を動画で撮影した先生。この先生の怖いところは、トイレの個室に入って隣の個室に人が来るのを待ち伏せしていたこと。この先生のようにトイレの中を盗撮するのは撮影罪になるし、盗撮した相手が18歳未満なら児童ポルノ禁止法違反にもなる。最初から盗撮目的で忍び込んでたのなら、建造物侵入罪も成立するね。

③監禁先生

最後に紹介するのは、女子中学生を誘拐して山小屋に監禁し、わいせつ行為をした先生。この先生は別の女子中学生にもわいせつ行為をしており、わいせつ目的誘拐罪や逮捕監禁罪などで懲役12年を言い渡された。

こういった先生が生徒に危害を加える事件を防止するために、2022年（令和4年）4月に「教員による児童生徒性暴力防止法」という法律が施行された。事件に巻き込まれないように、もし何か気づいたことがあったらすぐに周りに相談して！

結論

いる。実際に先生が生徒を狙って犯罪をしたケースがある。

動画版が見られます

要点1

①体操着先生。同僚の先生を困らせるため、生徒の体操着などをごみとして捨てた。

要点2

②待ち伏せ盗撮先生。女子トイレの個室に入って待ち伏せし、盗撮した。

要点3

③監禁先生。女子中学生を山小屋に監禁し、わいせつ行為をした。

質問
014

何で若い人が麻薬に手を出しちゃうんですか？

質問きてた

さっき、若い子が麻薬で逮捕されたってニュースを見たんですけど、なんであんな危ないものに手を出しちゃうんですか？

うーん。巧妙に誘われて、麻薬を使ってしまう若い子も多いねん。

ええっ⁉　巧妙に誘うって、どんな感じですか？

たとえば、こんな誘い文句がある。みんなも注意してな！

① 覚醒剤の誘い文句

「これ、痩せ薬。簡単にダイエットできるよ。使う？」

「危ない薬じゃないかって？　いやいや、注射しないし違うよ」

簡単に痩せられると騙され、覚醒剤に手を出してしまう人は少なくない。また、覚醒剤は注射するだけではなく、火であぶったり飲み物に入れたりして使うこともある。

② LSDの誘い文句

「はい、これベロの下に入れてみて～。楽しくなるよ～」

LSDって、小さな紙に染み込ませたり、錠剤にしたりして使われることがある麻薬。クラブで使われることが多く、「ノリが悪い」とか「みんなやってる」とか言われて、使ってしまう子もいる。

③ 大麻の誘い文句

「チョコ食べる？　クッキーもあるよ」

「大麻じゃないかって？　違う違う、ガンジャ。別物だから安心して」

大麻はチョコっぽい見た目に固められていることもあるし、チョコやクッキーに混ぜられていることもある。また、グラスや野菜などわかりづらい隠語で呼ばれることも多い。大麻に誘う人は依存性がないと言うけど、大麻の別名はゲートウェイドラッグ。大麻を入口に、どんどん麻薬漬けになってしまう人も多いので注意！

結論

巧妙な誘い文句で手を出してしまう。

動画版が見られます

要点1

①覚せい剤の誘い文句。
「これ、痩せ薬。簡単にダイエットできるよ」

要点2

②LSDの誘い文句。
「これベロの下に入れてみて。楽しくなるよ」

要点3

③大麻の誘い文句。
「チョコ食べる?」「これ、ガンジャ。大麻じゃないから安心して」

手を出したら絶対ダメ！違法薬物の別称

覚せい剤	エス、氷、スピード、アイス、シャブ
LSD	アシッド、フェニックス、ドラゴン
大麻	はっぱ、グラス、チョコ、クサ、野菜
MDMA	エクスタシー、ばつ、たま
ヘロイン	ベー、チャイナホワイト、ジャンク
コカイン	コーク、スノウ、クラック
シンナー	アンパン、純トロ

質問
015

学生が巻き込まれやすい犯罪ってなんですか？

質問きてた

子どもや学生が巻き込まれやすい犯罪ってあるんですか？

せやな。たくさんあるな。
とくに巻き込まれやすい犯罪を3つ紹介するから、みんなも気をつけて！

未成年者が巻き込まれやすい犯罪は、とくに次の３つ。

① 淫行

大人が18歳未満の未成年者と性的な関係を持つことは、基本的に犯罪。お金や物といった対価を渡して性的な関係を持ったら児童買春の罪になるし、対価を渡していなくても青少年保護育成条例違反の罪に問われる。

ＳＮＳやオンラインゲームでつながった人と実際に会って被害に遭うケースも多いから気をつけて。誘われても絶対に相手の家とかに行ったらあかんよ。

② 児童ポルノ

18歳未満の者の性的な画像や動画を所持したり、撮影したりするのは犯罪。児童ポルノの罪に問われる。たとえ裸じゃなかったとしても、性的な部分が強調されている画像や動画もアウト。

誰かから性的な写真を送ってほしいなどと言われたとしても、決して送ったらダメ。自分の知らないところで画像や動画が出回ってしまうケースもあるから、注意して。

③ 大麻

大麻所持は、大人であれば逮捕されて懲役刑になる重罪。未成年でも、14歳以上なら刑事責任能力があるとされているので逮捕されてしまう。

悪い大人に騙されたり、先輩や友達に誘われたりして大麻を乱用してしまうケースも多い。言葉巧みに誘われても毅然と断って、近づかないようにしよう。

結論

巻き込まれやすい犯罪は、淫行、児童ポルノ、大麻。

動画版が見られます

要点1

①淫行。ＳＮＳなどでつながった人と実際に会って性被害に遭ってしまう。

要点2

②児童ポルノ。ＳＮＳなどで性的な写真を求められて送ってしまう。

要点3

③大麻。悪い大人に騙されたり先輩や友達に誘われたりして手を出してしまう。

未成年者を巻き込んだ側の罪の法定刑

罪名	法定刑
児童買春の罪	５年以下の懲役または300万円以下の罰金
青少年保護育成条例違反	２年以下の懲役または100万円以下の罰金※
児童ポルノ所持の罪	１年以下の懲役または100万円以下の罰金

※東京都青少年の健全な育成に関する条例 第18条の6違反の場合の法定刑

巻き込まれた側にも及ぶ罪の法定刑

罪名	法定刑
大麻所持の罪	5年以下の懲役

質問
016

遠足って、「家に帰るまでが遠足」なんですか？

質問きてた

「家に帰るまでが遠足」って、学校の先生がよく言うじゃないですか。

せやな、遠足が終わって解散するときによく言われてたな。

これって、本当に家に帰るまでが遠足になるんですか？

じゃあ、法律的にはどこまでが遠足か、一緒に考えていこか！

法律的には、遠足の範囲って、学校が責任を負う範囲っていう風に考えられる。

じゃあ、学校が責任を負う範囲ってどこまでなんやろうか？　たとえば、夏の遠足中に生徒が熱射病になったのに、先生が放置して生徒が亡くなったケースを考えてみよう。

このケースでは、学校側は生徒の安全を確保する安全配慮義務を怠ったと考えられるので、生徒の遺族に対して損害賠償金を支払う責任を負うことになる。

次に、遠足の解散後、先生が「家に帰るまで気をつけて」と指導したにもかかわらず、生徒が寄り道して熱射病になって亡くなったケースを考えてみる。

このケースでは、学校は損害賠償金を支払う責任を負わない。なぜなら、学校保健安全法では、遠足からの帰宅中を含む生徒の通学に関する学校の役割として、安全に関する指導は求められているけど、安全の確保までは求められていないから。

このことから、法律的には、遠足の範囲は家に帰るまでではなく、先生と解散するまでと言うことができる。先生が言う「家に帰るまでが遠足」って言葉は、「家に帰るまで学校が責任を持ちますよ」って意味ではなく、「遠足が終わっても気を抜かずに家に帰ってね」っていう呼びかけやろうね。

遠足の帰りに寄り道してトラブルがあったとしても自己責任になるから、気を付けて家まで帰るんやで！

結論

法律的には、先生と解散するまでが遠足。

動画版が見られます

要点1

遠足の範囲とは、法律的には学校が責任を負う範囲のことと考えられる。

要点2

遠足で解散したあとの事故は、基本的に学校は責任を負わない。

要点3

遠足の帰りに寄り道してトラブルがあっても自己責任になるから気をつけて！

質問
017

先生にスマホを没収されて勝手に捨てられました。これって犯罪ですか？

質問きてた

質問きてた 017 先生にスマホを没収されて勝手に捨てられました。これって犯罪ですか？

授業中にスマホ使ってたら、先生に没収されることってあるじゃないですか！

さすがに授業中に使ってたら没収されるんちゃう？

そのあとに、先生がスマホ捨てちゃったら、どうなるんですか⁉

せやな〜。捨てたらちょっと問題になるやろな〜。

そもそも論として、物には一つひとつに所有者がいる。生徒が持っているスマホは、もちろんその生徒（または親）が所有者になる。

もし、先生がスマホを校則などに基づいて没収したとしても、所有者は元々スマホを持っていた生徒（または親）のまま。先生に所有権が移ることはない。

生徒が授業中に使っていたスマホを先生が一時的に没収するだけなら、教育上必要な対応として問題ない。けれど、先生が生徒から没収したスマホを勝手に処分したら、所有者の権利を侵害したとして犯罪になる。

たとえば、先生が没収したスマホを勝手に捨ててしまったら器物損壊罪。先生が没収したスマホを自宅に持ち帰って勝手に自分のものにしてしまったら業務上横領罪になる。

先生が合法的に生徒のスマホを処分するためには、処分する前に所有権者に「スマホに対する所有権を放棄します」といった同意書を書いてもらわないといけない。ちなみに、このような同意書は警察が差し押さえた被疑者の所有物を廃棄するときにも書いてもらっている。

授業中にスマホを使っている生徒も問題やけど、先生がそのスマホを没収して捨ててしまうのはもっと問題やな。もしそういうことがあったら、ちゃんと親や周りの先生に相談するんやで！

質問きてた　017　先生にスマホを没収されて勝手に捨てられました。これって犯罪ですか？

結論

没収したスマホを先生が勝手に処分すると、犯罪。

動画版が見られます

要点1

スマホの所有者は、先生に没収されても生徒（または親）のまま。

要点2

よって、先生が勝手にスマホを捨てたら器物損壊罪になる。

要点3

また、先生が勝手にスマホを自分のものにしたら業務上横領罪になる。

質問
018

図書館で借りた本を返さなかったら犯罪ですか？

質問きてた

ぼくの友達が、学校の図書館で借りた本を返さないまま卒業してたんですよ！

それ、借りパクやね。あかんで！

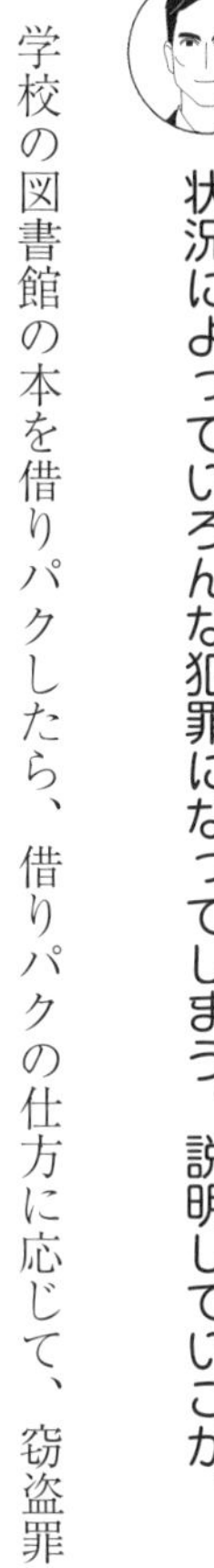

この友達ってどんな犯罪になるんですか？

状況によっていろんな犯罪になってしまう。説明していこか。

学校の図書館の本を借りパクしたら、借りパクの仕方に応じて、窃盗罪、詐欺罪、横領罪の3つの罪のどれかが成立することになる。

まず、本の貸出手続きをせず、最初からパクるつもりで図書館の本を勝手に持っていったら窃盗罪。10年以下の懲役または50万円以下の罰金になる。

次に、本の貸出手続きをしたものの、実は最初からパクるつもりで本を持って帰ったなら詐欺罪。10年以下の懲役になる。

そして、最初は借りパクするつもりがなくても、本を返すのが面倒になってそのまま借りパクしてしまったら横領罪。５年以下の懲役になる。

借りパクって、まだまだ罪になるケースがある。たとえば、のりちゃんの友達が図書館の本を借りパクしていて、のりちゃんがそのことを知りながら借りパクした本をもらった場合は、盗品等無償譲受罪で３年以下の懲役になる。

他にも、友達が借りパクした本と知りながらのりちゃんがその本を保管したら盗品等保管罪、運搬したら盗品等運搬罪になる可能性もある。これらの犯罪の刑罰は、両方とも10年以下の懲役および50万円以下の罰金。

借りパクって気軽にやってしまう人もいるかもしれんけど、立派な犯罪やからね。学校の図書館から借りた本は期限までに必ず返しにいきや。

結論

図書館の本の借りパクは、犯罪。

動画版が見られます

要点1

最初からパクるつもりで本を勝手に持っていったら窃盗罪。

要点2

本の貸出し手続きはしたけど、実は最初から本をパクるつもりだったなら詐欺罪。

要点3

最初は借りパクするつもりではなくても、返すのが面倒でそのままパクったら横領罪。

図書館の本の借りパクと法定刑

借りパクに関わる行為と罪名	法定刑
最初から無断で持って帰る「窃盗罪」	10年以下の懲役または50万円以下の罰金
最初からパクる予定で借りる「詐欺罪」	10年以下の懲役
返すの面倒になり借りパクする「横領罪」	5年以下の懲役
借りパクと知りながらもらう「盗品等無償譲受罪」	3年以下の懲役
借りパクと知りながら預かる「盗品等保管罪」	10年以下の懲役および50万円以下の罰金

質問
019

居眠りしてたら先生に叩き起こされました。これって犯罪ですか？

019 居眠りしてたら先生に叩き起こされました。これって犯罪ですか？

学生のとき、授業中に寝てたら先生に叩き起こされたことがあったんですよ！

昔はそういうのよくあったなあ。

今考えると、あれって犯罪だったんじゃないですか⁉

犯罪になるかどうかは状況によるから、ちょっと考えてみよか。

たとえ居眠りしている生徒を起こすためでも、教員が生徒を叩いたら基本的に暴行罪になる。
ただし、例外的に暴行罪にならないケースが2つある。

1つ目は、生徒が叩かれることに同意している場合。

たとえば、生徒が「もし授業中に寝てたら叩いてでも起こしてください！」と先生にお願いしていたら、生徒は叩かれることに同意していることになるので、基本的にセーフになる。

２つ目は、先生の正当な業務と言える場合。

刑法35条では、「正当な業務による行為は罰しない」と規定されている。

たとえば、遠足で行った雪山で遭難し、生徒が今にも寝てしまいそうな場合は、叩き起こしてもセーフになる。生徒の命を守るためにやむを得ずに叩き起こしたと言えるからね。

ちなみに、学校教育法第11条では、教育上の必要があるなら、先生が指導の一環として生徒に罰を与えてもよいとされている。けど、体罰は指導でもアウト。昔のりちゃんがされたみたいに、先生が授業中の居眠りの罰として生徒を叩き起こすのは、体罰とみなされてアウトになるやろね。

あっ、のりちゃん寝てるやんけ！　かなんな〜！　……疲れてるやろし、毛布でもかけてあげよかな。

結論

生徒を叩き起こすのは暴行罪になる可能性がある。

動画版が見られます

要点1

先生が生徒を叩くのは基本的に暴行罪。体罰は学校教育法でも禁止されている。

要点2

ただし、生徒が叩かれることに同意しているなら犯罪にはならない。

要点3

また、雪山で眠りそうな生徒を叩き起こすなど、正当な業務なら犯罪にはならない。

質問
020

学校で勝手にスマホを充電したら犯罪になりますか?

質問きてた

質問きてた　020　学校で勝手にスマホを充電したら犯罪になりますか？

あ、スマホの充電なくなりそう。会社のコンセント借りちゃおっと。

こら こら こら、そんな勝手に充電したらあかんよ。

えっ、会社のコンセントを借りて充電したらダメなんですか⁉

ケースによっては充電で犯罪になるかもしれんから、解説していくで。

会社や学校でスマホを充電するのって、つまり電気を勝手に使うってことやんね。

会社や学校の電気を勝手に使うのは、実は窃盗罪になるねん。なぜなら、刑法２４５条では、窃盗などの罪においては「電気は、財物とみなす」と定められているから。

ただ、会社や学校でスマホを充電しても窃盗罪にならないケースもある。それは、会社や学校の管理者がスマホの充電を承諾している場合。

たとえば、「この教室ではスマホを充電しても大丈夫です」みたいな張り紙がしてあったら、学校の管理者がスマホの充電を承諾していると考えられるので、充電しても大丈夫。

一方、先生が「勝手に学校のコンセントでスマホを充電するな」と指導しているなら、スマホを充電したらアウト。

他にも、カフェとかファミレスとかで「充電ＯＫ」などと書かれているときはスマホを充電しても問題ないけど、とくに何も書かれていない場合は勝手に充電したらだめ。もし充電したいときは、店員さんに一言確認するようにしよう。

のりちゃんも、事務所の代表であるおれの許可なしに、勝手にスマホを充電したら窃盗罪になるよ！

結論

スマホの充電は、許可されていなければ窃盗罪。

動画版が見られます

要点1

刑法では、電気も財物として扱われる。（窃盗罪などの場合）。

要点2

そのため、スマホを勝手に充電して学校の電気を使ったら窃盗罪になる。

要点3

ただし、学校の管理者がスマホの充電を許可しているなら、犯罪にはならない。

法律トリビア

日本一長い法律の名前は!?

日本一長い法律の名前って、「日本国とアメリカ合衆国との間の相互協力及び安全保障条約第六条に基づく施設及び区域並びに日本国における合衆国軍隊の地位に関する協定及び日本国における国際連合の軍隊の地位に関する協定の実施に伴う道路運送法等の特例に関する法律」。全部でなんと110文字。

この法律の名前、かみ砕いて説明すると、社会の授業で習う「安保条約」などに基づいて、日本国内で米軍や国連軍が車を運転するときの例外的なルールを作りますよ〜って感じの意味。

みんなもこの法律の名前を暗記して喋れるよう、練習してみて！

職場

ATOM
アトム法律事務所

質問
021

残業代って どうやって 計算するんですか?

質問きてた

質問きてた　021　残業代ってどうやって計算するんですか？

ぼくの友達が、会社から残業代をもらえてないらしいんです！

そりゃあかんね。残業代はきっちり計算して支払ってもらわないと。

残業代って、どうやって計算すればいいんですか？

そしたら、計算方法を解説していくで！

残業代の計算方法は、労働基準法で明確にルールが定められている。基本的には残業した時間の分、時給の1・25倍とか1・35倍とかの金額が支払われる。

どんなケースで時給の1・25倍になったり、1・35倍になったりするのかもしっかり決まってるから、それぞれ順番に見ていこう。

【時給の１・25倍が支払われるケース】

①　１日の労働時間が８時間を超えた場合

②　１週間の労働時間が40時間を超えた場合

【時給の１・35倍が支払われるケース】

法定休日（週１日）に出勤をした場合

【時給の１・５倍が支払われるケース】

１か月間の残業時間が60時間を超えた場合

これに加えて、22時から５時までの深夜に働いた場合は、さらに残業代が割増しされるで。

たとえば時給１０００円の場合、１日の労働時間が８時間を超えたら、残業代の時給は１０００円×１・25＝１２５０円になる。もし、残業代を正しくもらえていないなら、近くの労基署に相談してみて。

結論

残業代の計算方法は、労働基準法で決まっている。

動画版が見られます

要点1

1日の労働時間が8時間を超えた場合などは、時給の1・25倍の金額がもらえる。

要点2

法定休日（週1日）に出勤した場合は、時給の1・35倍の金額がもらえる。

要点3

1か月の残業時間が60時間を超えた場合は、時給の1・5倍の金額がもらえる。

1日8時間または週40時間を超えて残業した場合に受け取れるのは基本給の何倍？

時間帯	通常	法定休日
5:00～21:59	1.25倍	1.35倍
22:00～4:59	1.50倍	1.60倍

質問
022

バイト辞めたとき最後のバイト代もらえなかったんですけど、いつまで請求できますか？

質問きてた

質問きてた　022　バイト辞めたとき最後のバイト代もらえなかったんですけど、いつまで請求できますか？

昔、コンビニでバイトしてたんですけど、辞めるときに最後の給料をもらえなかったんですよ。

そらあかんな。ちなみに、それっていつの話なん？

もう10年くらい前の話です！

あ〜、それはもう給料を支払ってもらうのは難しいなあ。給料を請求するときの期限や方法について解説していこか。

未払いの給料って、仕事を辞めたあとでも辞める前でも請求することができる。

ただし、未払いの給料を請求して支払ってもらえるのは、本来の給料日から３年が経過するまで。３年経過したら時効が成立してしまい、給料を請求しても支払ってもらえなくなる（※２０２０年（令和２年）３月31日以前の分については２年まで）。

今回ののりちゃんのケースは10年前の話だから、法的にはすでに時効が成立している。請求したとしても、支払ってもらうのは難しいな。

もし、請求できる期間内なら、こういう風に請求したらええで。

まずは、未払いの給料を支払ってほしいことを会社に内容証明郵便で伝える。それで会社が給料を支払ってくれるならいいけど、無視されることもある。そんなセコい会社の場合は、民事調停や少額訴訟といった裁判所の手続きを使おう。

会社としても、裁判所から呼び出しの手紙が届いたなら出廷しないわけにはいかない。そして出廷したら、調停委員や裁判官から、給料を支払った証拠を会社側がちゃんと提出するよう求められる。

もし、給料が支払われてないなら、のりちゃんのように時効が成立する前に、すぐに会社に請求しよう。

質問きてた 022 バイト辞めたとき最後のバイト代もらえなかったんですけど、いつまで請求できますか？

結論

本来の給料日から3年経過するまでは請求できる。

動画版が見られます

要点1

バイトを辞める前でも辞めたあとでもバイト代の請求は可能。

要点2

ただし、3年経過したら、時効が成立するので支払ってもらえなくなる。

要点3

請求したい場合は、内容証明郵便を送る。もし無視されたら裁判所を使うことも検討しよう。

賃金請求権の消滅時効はいつ完成するか？

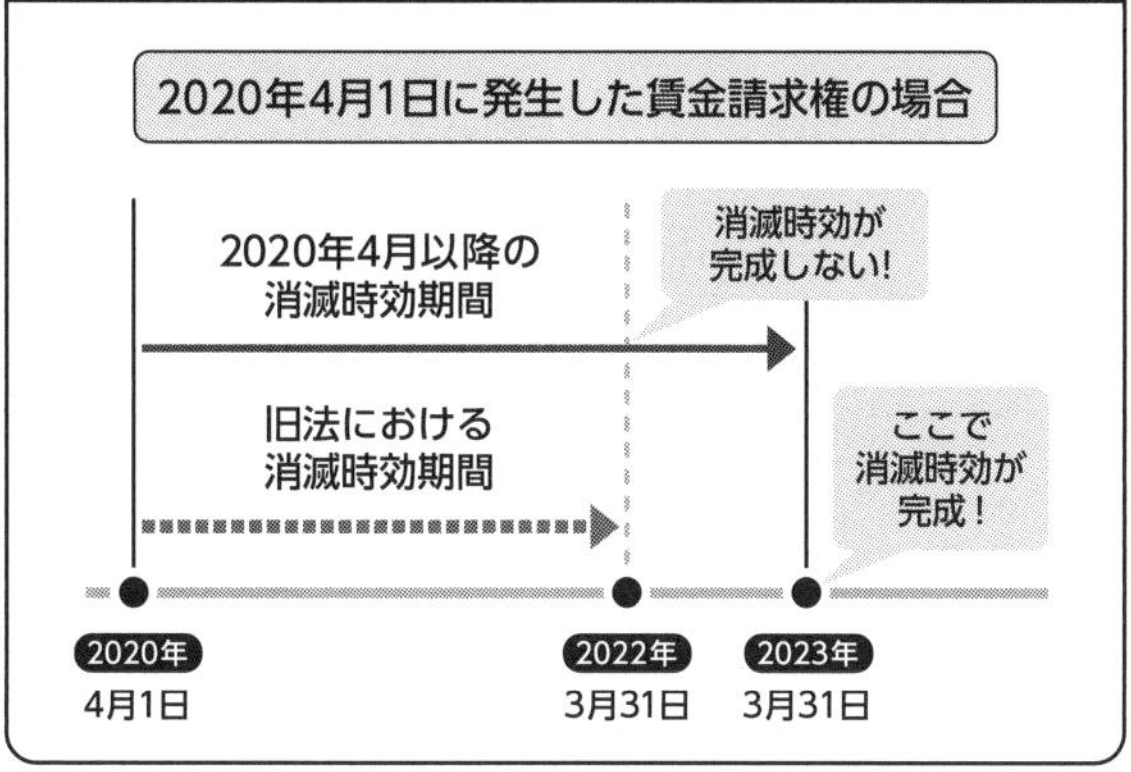

2020年4月1日に発生した賃金請求権の場合

質問
023

会社で有給を申請しても却下されました。これってどうなんですか？

質問きてた　023

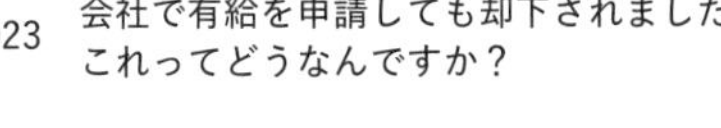

有給を取らせないブラック企業ってありますよね？

有給は働く人の権利やのになぁ。

有給を取らせないのって、法律的にどうなんですか？

法律的には基本的にアウト。詳しく解説していこか！

有給って、労働基準法で定められている働く人の権利。6か月以上働いたら、正社員でも契約社員でもパートでも、有給を取ることができる。

従業員が有給を申請したら、それを会社側が却下するのは基本的にアウト。
ただし、例外的に会社が従業員が希望した日の有給を却下できる場合もある。

労働基準法39条5項では、「会社側は労働者の希望する時期に有給を与えなければいけない。

ただし、希望する時期に有給を与え業務に支障が生じる場合は、他の時期に変更することができる」と定められている。

この法律をもとに、会社側から「今休まれると仕事に支障が出るから、有給を取るのは別の日にしてくれへん?」とお願いしてもいいことになっている。この権利を「時季変更権」という。

時季変更権が認められるかどうかは、どんな仕事をしているか、繁忙期か閑散期か、代わりに仕事をする人を確保できるかといった点などから総合的に考えられることになる。何でもかんでも時季変更権が認められるわけではない。

せやから、有給を申請しても、会社側から「今は忙しいから」と時季変更権を使われて申請を却下される状況が続いたら、労働基準監督署に相談した方がええと思うで。

質問きてた　023　会社で有給を申請しても却下されました。
これってどうなんですか？

結論

原則として、会社は有給申請を却下できない。

動画版が見られます

要点1

有給は、労働基準法で定められている働く人の権利。

要点2

従業員が有給を申請したら、会社は基本的に認めなければならない。

要点3

例外的に、会社が時季変更権を使って、申請があった日の有給を却下できる場合もある。

03 職場

条文

労働基準法

第39条5項（年次有給休暇）

使用者は、… 有給休暇を労働者の請求する時季に与えなければならない。ただし、請求された時季に有給休暇を与えることが事業の正常な運営を妨げる場合においては、他の時季にこれを与えることができる。

質問
024

月2回の当日欠勤でクビって言われました。不当解雇になりますか？

質問きてた

質問きてた　024　月２回の当日欠勤でクビって言われました。不当解雇になりますか？

ぼくの友達が、月2回会社を当日欠勤してクビって言われたらしいんですよ。

そうなんや。まあ、当日欠勤って周りにも迷惑かかるしなあ。

当日欠勤を繰り返したらクビになっちゃっても仕方ないんですか？

それは流石にやりすぎやな〜。クビにするときは段階を踏まなあかんねん。

大前提として、当日欠勤をして会社に迷惑をかけるのは、もちろんよくない。

だからと言って、会社側が月２回の当日欠勤だけで解雇するのもやりすぎ。労働契約法16条には「客観的に見て合理的な理由がない、常識的に考えてやりすぎと思われるような解雇は無効」といった定めがある。月２回の当日欠勤だけで解雇にするのは、この法律に違反する不当解雇になるやろね。

03 職場

そもそも、会社が従業員を懲戒解雇するのってすごく強力な制裁で、いわば最終手段みたいなもんやねん。もし、当日欠勤を繰り返している従業員がいたとしても、いきなり最終手段を取るのではなく、段階を踏んでペナルティを与える必要がある。

段階の踏み方は、こんな感じ。

① 従業員と話し合いの場を設け、当日欠勤をしないように注意する
② それでも当日欠勤が続くなら、次は正式な文書で注意する
③ 改善が見られないなら、減給や出勤停止といった処分をする

段階を踏んでも、なお従業員が当日欠勤をやめず、今後も改善が見込めないようなら、ようやく最終手段として解雇することを検討できる。

これを踏まえると、のりちゃんの友達が「月２回当日欠勤したらクビ」と言われたのは違法の可能性が高いやろな。一度会社と話し合った方がええと思う。

質問きてた 024 月２回の当日欠勤でクビって言われました。不当解雇になりますか？

結論

月2回の当日欠勤だけなら不当解雇になる。

動画版が見られます

要点1

解雇は、従業員へのペナルティの中でも最も強力なもの。

要点2

そのため、いきなり解雇するのではなく、段階を踏んでペナルティを与える必要がある。

要点3

段階の踏み方は、口頭で注意→文書で注意→減給や出勤停止→解雇といった形。

当日欠勤の制裁の順序

順序

1. 話し合いの場で注意する
2. 正式な文書で注意する
3. 減給や出勤停止等の処分をする
4. 解雇を検討する

質問
025

会社を辞めたいのに上司がしつこく引き留めてきます。どうすればいい？

質問きてた

質問きてた　025　会社を辞めたいのに上司がしつこく引き留めてきます。どうすればいい？

タケシさん、ぼく、このタケシチャンネルを卒業しようと思ってます……。

え、何で？　のりちゃんが卒業すると困るな〜。もうちょっと続けてくれん？

ドッキリでした〜！　けど、こういう風に退職しようとしても、引き留めてくるケースってよくありますよね。

ドッキリか〜い！　まあ、退職しようとして、しつこく引き留められたときも、スパッと辞める方法はあるで。

会社やバイトを辞めたくても、上司がしつこく引き留めてくる。そんなときにスパッと辞める方法は、社長宛てに内容証明郵便を送って辞める意思を伝えること。

民法627条では、「雇用期間の定めがないならいつでも雇用の解約の申入れができる」「雇用期間の定めがない場合、雇用は、解約の申入れの日から2週間を経過することによって終了する」と決められている。つまり、法律的には会社が内容証明郵便で辞める意思を知ってから2週間後にスパッと退職しても問題ないってこと。普通の郵便ではなく内容証明郵便で辞める意思を伝えるのは、いつ、誰が、どういう内容を送ったかを証明できるから。

この点、会社側は、辞める意思を伝えてきた従業員に対して、退職を撤回するように執拗に説得する、業務の引き継ぎが完了するまで退職を認めないなど、従業員の退職を強引に引き止める権利を持たない。業務の引き継ぎは、期間内にできることをすれば大丈夫。

なお、雇用期間の定めがある人は、スパッと辞めるのは難しい。もともと「決められた期間ちゃんと働きます」という契約をしてるからね。でも、病気になったとかのやむを得ない理由があれば辞められるケースもある。

退職したくてもしつこく引き留められてるときは、内容証明郵便を送って辞める意思を伝えよう！

質問きてた　025　会社を辞めたいのに上司がしつこく引き留めてきます。どうすればいい？

結論

内容証明郵便で辞めることを伝えよう。

動画版が見られます

要点1

民法では、雇用期間の定めがないならいつでも退職の申入れができる。

要点2

雇用期間の定めがないなら、退職の申入れをしたあと、2週間経てば退職ができる。

要点3

内容証明郵便なら、退職の申入れをしたことが証明できるので、いざとなったら使おう。

質問
026

キャバクラやガールズバーで副業したら、会社をクビになるって本当ですか？

質問きてた　026

キャバクラやガールズバーで副業したら、会社をクビになるって本当ですか？

最近、働き方改革で副業する人が多くなってきてますよね。

せやね。今は厚生労働省も副業を推奨してるしね。

そうなんですね！　副業するときに何か注意することってありますか？

あるある！　副業するときの注意点を、実例を踏まえて紹介していくで！

会社員が勤務時間外に副業をするかどうかは、基本的には当人の自由。

ただし、副業をすることで会社の仕事に支障が出たり、会社に不利益を与えたりするのは問題になってしまう。そのため、会社側は副業を許可制にすることができる。もし、許可を得ていないのに副業していたなら、会社との約束を守っていないのでクビにされてしまう可能性がある。

実際にクビになったケースとして、ある会社員の女性が朝8時45分から夕方5時15分まで本業の会社で働いたあと、夕方6時から深夜0時までキャバレーの会計係をしていたものがある。

この副業が会社にバレてクビになった女性は、「解雇は無効だ!」と裁判を起こしたけど、裁判所は「解雇は有効」と判断し、女性の訴えを認めなかった。

裁判所の判断のポイントは、こんな感じ。

・会社の就業規則には「副業は会社の承諾が必要」とあったが、女性は事前に副業の具体的な内容を伝えておらず、承諾を得ていなかった。
・女性の副業時間は6時間で、本業に支障が出る可能性が高い。
・実際に女性は会社で居眠りが多いといった支障をきたしていた。

せやから、副業するときはちゃんと会社の就業規則を守って本業に支障が出ないようにやろう。そうしないと、クビになるケースもあるから注意しような。

質問きてた　026　キャバクラやガールズバーで副業したら、会社をクビになるって本当ですか？

結論

会社のルールを守っていないなら、クビになることもある。

動画版が見られます

要点1

勤務時間外に副業をするか否かは、基本的に当人の自由。

要点2

ただし、副業が許可制になってる場合は別。許可制の場合は、無許可で副業をすると懲戒処分を受ける可能性がある。

要点3

無許可で副業をして、解雇になったケースもある。

法律トリビア

ビールの泡はビールに含まれる？　含まれない？

ビールを注いだときに出る泡。この泡は法律的にはビールに含まれると思う？　含まれないと思う？　実は、このビールの泡を巡って裁判になったことがあった。

1940年（昭和15年）、東京のビアホールで、客から「この店のビールは泡が多すぎる！」「ビールの泡をビールとして販売しているのは違法では？」と苦情が出て、店の責任者は裁判にかけられることになった。

そこでビールの泡について判断してもらうため、法廷に呼ばれたのが、「酒の博士」として知られていた東大の坂口謹一郎教授。この坂口教授の「ビールの泡はビールよりもアルコール度数が高い」という証言が決定打となり、裁判所は「ビールの泡もビールに含まれる」と判断。店の責任者は無罪になった。

法律的には、ビールの泡はビールに含まれる。覚えといて！

犯罪

ATOM
アトム法律事務所

質問
027

何もしていないのに警察から職質されました。これって違法ですか？

質問きてた　027

何もしていないのに警察から職質されました。これって違法ですか？

昨日の夜、家に帰る途中で警察から職質されたんですよ。

そうなんや。まあ、深夜に出歩くと職質されることってよくあるよな。

けど、ぼく、何もしてないですよ！
これってどうなんですか？

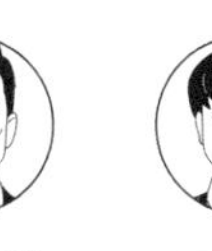

警察の職質にも、セーフになるケースと、アウトになるケースがある。
解説していくわ！

職務質問って、警察官が通行人を呼び止めて「どこ行くの？」「何持ってるの？」などと色々質問すること。

警察官職務執行法第2条第1項では、警察官が「この人挙動不審やし犯罪してるかもしれんな」「犯罪について何か知ってそうやな」と思ったら職質してもいいと定められている。だから、犯罪をしていない人に職質すること自体は、とくに問題にならない。

じゃあ、職質で問題になるケースはと言うと……。

まずは、警察官が通行人を立ち止まらせて質問するとき。「ちょっと止まってください」と声をかけたり、「止まってって言ってるでしょ」と強く説得したりするのはセーフやけど、「止まってください！」と言いつつ通行人の身体に触れて強制的に停止させるのはアウト。

次に、所持品を確認するとき。「バッグの中に何入ってるの？」と質問したり、バッグを外から観察したりするのはセーフやけど、「バッグの中、見ますよ！」と言って中身を強引に確認するのはアウト。

このようなアウトのケースは違法となり、職質をした警察官が処分されることもある。ただ、警察も地域の治安を守るために熱心に仕事しているから、みんなもできるだけ職質に協力してあげてな。

質問きてた　027　何もしていないのに警察から職質されました。
これって違法ですか？

結論

職質自体は、基本的に違法ではない。

動画版が見られます

要点1

警察官職務執行法では、警察官が不審に思ったら職質してもいいと決まっている。

要点2

警察官が職質で声をかけたり、所持品の中身を質問したりするのはセーフ。

要点3

ただ、警察官が身体を触って停止させる、所持品を強引に確認するのはアウト。

04 犯罪

質問
028

殴られたから殴り返しました。これって犯罪ですか？

質問きてた

質問きてた　028　殴られたから殴り返しました。これって犯罪ですか？

この間、酔っ払いに絡まれて殴られそうになったんですよ。

そりゃ大変やったね。

もし殴られたら、正当防衛でこっちも殴り返していいんですよね？

ダメダメ、何でもかんでも正当防衛にはならへんよ！　説明しよか。

相手から殴られたら、正当防衛になるので殴り返してもいいと勘違いしてる人は何気に多い。けど、殴り返したとき正当防衛が成立しないケースもある。

まずは、正当防衛が成立するケースを確認してみよう。

正当防衛になるのって、自分や誰かの身を守るため、つまり防衛のためにやむを得ずにした行為だけ。具体的には「相手が殴ってきたから離れようとして押し返した」といったケース。こういう場合は正当防衛が成立して、犯罪にはならない。

じゃあ、のりちゃんが言う「殴られたら殴り返す」って、防衛のためにやむを得ずにした行為に当てはまるんやろか？

もちろん、やむを得ず殴り返してる場合もあるやろうけど、「殴られたから反撃で殴り返したろ！」みたいにわざと積極的に殴り返してる場合は、防衛のためではないと判断され、正当防衛は成立しない。

積極的に殴り返した結果、正当防衛と認められなかったら、暴行罪や傷害罪になるから注意。

相手に殴られたときは、最低限の防御だけして、その場を離れるのが得策。積極的に殴り返すと犯罪になる可能性もあるし、何より危険だから絶対にやめた方がええよ。殴られた分はあとで相手に損害賠償請求して回収しよう。

結論

積極的に殴り返すのは犯罪。

動画版が見られます

要点1

正当防衛は「殴られたから離れようとして押し返した」などやむを得ない場合のみ成立。

要点2

殴られたからといって、反撃のために積極的に殴り返した場合は、正当防衛にはならない。

要点3

積極的に殴り返したら、暴行罪や傷害罪で自分が逮捕される場合もある。

相手が殴ってきた

ケース①	ケース②	
離れるために押し返し	反撃で積極的に殴り返し	
▼	▼	
刑法36条	刑法208条	刑法204条
正当防衛	暴行罪	傷害罪

質問 029

日本一多い犯罪ってなんですか？

タケシさん、犯罪っていっぱい種類がありますよね。

そうやね。詐欺とか暴行とか、いろいろな犯罪をニュースで見るよな。

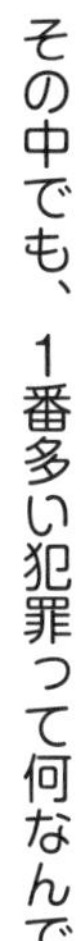

その中でも、1番多い犯罪って何なんですか？

それじゃ、日本で多い犯罪ランキングを見ていこか。

警察庁が発表している警察白書によると、2022年（令和4年）に日本で認知件数が多かった犯罪は、次のとおり。

【第5位：占有離脱物横領　1万2335件】

占有離脱物横領とは、誰かの落とし物などを自分のものにしてしまう犯罪。落ちてた財布を拾って中のお金を使った場合などで成立する。

【第4位：詐欺　3万7928件】

詐欺とは、誰かを騙してお金やものを奪う犯罪。ちなみに、オレオレ詐欺などの特殊詐欺の認知件数は1万7520件で、被害総額は361億円にのぼる。

【第3位：暴行傷害　4万7363件】

暴行とは、誰かに暴力をふるう犯罪。傷害とは、暴行で誰かにケガをさせる犯罪。最近問題になってるDVも、暴行傷害で逮捕されるケースがある。

【第2位：器物損壊　5万4750件】

器物損壊とは、誰かのものを壊したり使えない状態にしたりする犯罪。たとえば、誰かのゲーム機を壊したり、学校の窓ガラスを割ったりすると器物損壊罪。

【第1位：窃盗　40万7911件】

窃盗とは誰かのものを盗む犯罪。窃盗で出される被害届のうち、1番多いのが自転車窃盗。いわゆる窃チャ。被害件数は年間約13万件で、万引きの1.5倍。ちなみに、窃盗の刑罰は10年以下の懲役または50万円以下の罰金やで。

結論

日本一多い犯罪は、窃盗罪。

動画版が見られます

要点1

窃盗罪の被害件数は、年間約40万件。

要点2

窃盗罪の中でも、1番多いのが自転車窃盗。いわゆる窃チャ。

要点3

ちなみに、2番目に多い犯罪は器物損壊罪、3番目に多い犯罪は暴行傷害罪。

日本国内の刑法犯の認知件数ランキング

	2020	2021	2022
1位	窃盗 (417,291)	窃盗 (381,769)	窃盗 (407,911)
2位	器物損壊 (64,089)	器物損壊 (56,925)	器物損壊 (54,750)
3位	暴行・傷害 (46,600)	暴行・傷害 (44,581)	暴行・傷害 (47,363)
4位	詐欺 (30,468)	詐欺 (33,353)	詐欺 (37,928)
5位	占有離脱物横領 (14,154)	占有離脱物横領 (11,746)	占有離脱物横領 (12,335)

出所：警察庁Webサイト犯罪統計令和2～4年分

質問
030
ゾンビを殺すのは
犯罪になりますか？
質問きてた

質問きてた　030　ゾンビを殺すのは犯罪になりますか？

タケシさん、映画やゲームに登場するゾンビって怖くないですか？

せやけど、あのゾンビってもともと人間やろ？

そうですね。ってことは、ゾンビを殺したら犯罪になっちゃうんですか⁉

たとえゾンビでも、犯罪になる可能性、あるで！

映画やゲームに出てくるゾンビって、もともとは人間だったけど、特殊な毒や実験でゾンビになってしまっている。

ゾンビがもともと人間である以上、殺してしまうと犯罪になる可能性が出てくる。

たとえば、毒をかけられて人間からゾンビになる途中で殺したケース。このゾンビってまだ人間と言えるから、殺してしまうと刑法１９９条の殺人罪に問われる可能性がある。殺人罪の刑罰は、死刑、無期懲役、5年以上の懲役のどれか。

次に、完全にゾンビになったあとに殺したケース。ゾンビに呼吸が止まる・心臓が止まる・瞳孔が拡大するといった特徴が表れているなら、このゾンビは人間の死体として扱われるため、殺しても殺人罪には問われない。

もっとも、こういうゾンビを殺したら死体を傷つけていることになるので、殺人罪にはならなくても刑法190条の死体損壊罪に問われる可能性がある。死体損壊罪の刑罰は、3年以下の懲役。

自分の身を守るためにゾンビを殺したなら、正当防衛として無罪になる可能性もあるけど、ゲームみたいにそこら辺を歩いているゾンビを無差別に倒しまくったら完全にアウトやね。

弁護士からできるアドバイスはひとつだけ。ゾンビから襲われたら、全力で逃げてや！

結論

ゾンビを殺すと犯罪。

動画版が見られます

要点1

人間からゾンビになる途中で殺したなら、殺人罪に問われる。

要点2

完全にゾンビになったあと殺したとしても、死体損壊罪が成立する。

要点3

ただ、身を守るためにゾンビを殺したなら、正当防衛になる可能性もある。

質問
031

南極で犯罪が起こったら、どこの国の法律で裁かれますか？

質問きてた　031　南極で犯罪が起こったら、どこの国の法律で裁かれますか？

タケシさん、南極って行ったことありますか？

いや、ないな～。めっちゃ寒そうなイメージはあるけど。

もし、南極で犯罪が起こったら、どうなっちゃうんでしょう？

それじゃ、南極で犯罪が起こったら法律的にどうなるか、解説していこか！

実は、南極には法律が存在しない。

法律って国の王様や議会が作ってその国全体に適用するものやけど、南極はどこの国にも属していないから、法律がないことになるねん。ちなみに、「南極はどこの国のものでもない」って言うのは、南極条約っていう世界の国同士のルールで決められてること。

じゃあ、南極は犯罪をしても裁かれない無法地帯なのかと言うと、そうではない。基本的に、南極で犯罪をしたら犯人の国の法律で裁かれることになる。

例として、日本人が南極で犯罪をした場合を考えてみよう。日本の刑法2条と3条では、国外で日本人が殺人や傷害といった犯罪をしたら、日本の法律で裁くと決められている。このルールをもとに、南極で一定の犯罪をした日本人は、日本の法律で裁かれることになる。

だから、もし日本人が南極で喧嘩して相手にケガを負わせたら、傷害罪で15年以下の懲役または50万円以下の罰金。南極で偽物の1万円札を作ったら、通貨偽造罪で無期懲役または3年以上の懲役になる。

ちなみに、刑法2条と3条は、南極に限らず太平洋のど真ん中や宇宙空間でも適用されるで。

みんなは、南極に行くときも法律厳守で！

結論

南極で犯罪をしたら、基本的に犯人の国の法律で裁かれる。

動画版が見られます

要点1

南極は、南極条約でどこの国のものでもないと決まっている。

要点2

もし、日本人が南極で殺人や傷害といった犯罪をしたら、日本の法律で裁かれる。

要点3

南極だけではなく、太平洋のど真ん中や宇宙空間で犯罪をした場合も同じ。

条文

刑法

第2条(すべての者の国外犯)

この法律は、日本国外において次に掲げる罪を犯したすべての者に適用する。(1～3号は省略)
4号 第148条(通貨偽造及び行使等)の罪及びその未遂罪
(以下は省略)

第3条(国民の国外犯)

この法律は、日本国外において次に掲げる罪を犯した日本国民に適用する。(1～6号は省略)
7号 第199条(殺人)の罪及びその未遂罪(以下は省略)

質問
032

結婚式で「ちょっと待ったー」と乱入したら犯罪になりますか？

タケシさん、この前、友達の結婚式に出席したときに、「ちょっと待ったー！」って男が乱入してくる余興があったんですよ。

へ〜、ドラマのシーンみたいやね。

今回は余興としてみんな楽しんでたんですけど、これ、ぼくが「ちょっと待ったー！」って本当に乱入したらどうなるんですか？

あかん あかん あかん！　のりちゃん、そんなんやったらアウトやで!!

映画やドラマでよくある、結婚式に「ちょっと待ったー！」と乱入するシーン。実はあれ、実際にやったら犯罪になる場合がある。４つのケースに分けて見ていこう。

１つ目のケースは、結婚式の最中に「ちょっと待ったー」とその場でひとり静かに宣言するケース。これはぎりぎりセーフ。犯罪にはならない。

２つ目のケースは、「ちょっと待ったー！」と宣言し、「出て行ってください」と言われても式場から出ていかなかったケース。これは刑法１３０条の不退去罪になり、３年以下の懲役または10万円以下の罰金が科される。

３つ目のケースは、花嫁から無視されているのに、結婚を阻止しようとしてしつこく「ちょっと待ったー！」と詰め寄り続けたケース。これは刑法２３４条の威力業務妨害罪になり、３年以下の懲役または50万円以下の罰金が科される。

４つ目のケースは、「ちょっと待ったー！」と言って、壇上にいる花嫁を無理やり連れ去ったケース。これは刑法２２５条の結婚目的略取罪になり、罰金はなく、１年以上10年以下の懲役が科される。

のりちゃん、ドラマみたいに「ちょっと待ったー！」ってかっこつけて実際に乱入してしまったらあかんで！　大人しく新郎新婦を祝福しときや。

結論

「ちょっと待ったー」と乱入したら、犯罪になる場合がある。

動画版が見られます

要点1

結婚式に乱入し、「出て行ってください」と言われても出て行かなかったら不退去罪。

要点2

結婚を阻止しようと、花嫁にしつこく詰め寄り続けると威力業務妨害罪。

要点3

花嫁を無理やり連れ去ったら結婚目的略取罪になる。

質問 033

転売ヤーは犯罪になりますか?

質問きてた　033　転売ヤーは犯罪になりますか？

今、品薄の商品を高値で売る転売ヤーって問題になってるじゃないですか！

あ〜、よくフリマアプリで高値で売られてるよね。

あれって本当に欲しい人が定価で買えないし、犯罪にならないんですか？

犯罪になるケースもあるで！　どんなケースか、解説していくわ！

転売って、犯罪になるケースとならないケースがある。

まず、人気商品を定価で買って別の場所で高く売る転売。これは、原則として犯罪にはならない。もし、こういう転売自体がアウトになるなら、いらないものをフリマアプリで売ることもできなくなるからね。

一方、犯罪になる転売で、代表的なものは３つ。

1つ目は、無許可で中古品を仕入れて自分で使用せずに転売するビジネスを継続的にした場合。古物営業法違反になり、3年以下の懲役または100万円以下の罰金が科される。

2つ目は、路上や駅前など公共の場所で、新幹線や遊園地などのチケットを転売するビジネスをした場合。各都道府県の迷惑行為防止条例違反になり、たとえば東京都なら6か月以下の懲役または50万円以下の罰金が科される。

3つ目は、路上やネットなど場所を問わず、ライブなどのイベントのチケットを転売するビジネスをした場合。チケット不正転売禁止法違反になり、1年以下の懲役または100万円以下の罰金（場合によっては両方）が科される。

古物営業法やチケット不正転売禁止法はビジネスを規制する法律なので、基本的に個人が単発で不要なものを販売するのはセーフ。もしビジネスで転売するときは法律厳守で！

結論

転売は、犯罪になるケースとならないケースがある。

動画版が見られます

要点1

無許可で中古品を仕入れ、自分で使わずに転売するビジネスを繰り返したら古物営業法違反。

要点2

路上で新幹線などのチケットを転売するビジネスをしたら迷惑行為防止条例違反。

要点3

ライブなどのイベントのチケットを転売するビジネスをしたらチケット不正転売禁止法違反。

質問
034

1番高い罰金と、1番低い罰金はなんですか?

質問きてた

質問きてた　034　1番高い罰金と、1番低い罰金はなんですか？

タケシさんの動画でよく「この犯罪は罰金〇〇円」って言うじゃないですか。

せやな。罰金刑が定められている犯罪って多いからね。

1番高い罰金と1番低い罰金って、いくらなんですか？

じゃあ、それぞれの金額、解説していこか！

どんな犯罪をしたらどれくらいの罰金が科されるかは、法律で決められている。1番低い罰金と1番高い罰金も、法律を見ればわかるで。

まず、1番低い罰金は1万円。刑法15条では、罰金刑すべてに共通するルールが定められていて、「罰金は1万円以上とする」って決まってる。ただ、自首をしたとか一定の事情がある場合は、刑罰が軽くなって、罰金の金額が1万円よりも低くなることがあり得る。

次に、1番高い罰金は、なんと上限なし。

1番高い罰金が科されるのって、脱税をして所得税法違反になったとき。つまり、仕事などでお金を儲けたのに、ズルして所得税を納めなかったときやね。

所得税法238条2項では、脱税した所得税の金額が1000万円を超えるときは、その金額まで罰金の上限を上げられるって定められている。つまり、脱税した分だけ罰金額が増えるし、上限もないってこと。

実際過去には、所得税法違反をしたねずみ講のトップに、懲役3年と罰金7億円が言い渡されたケースがある。

ちなみに、罰金って基本的には一括払い。支払わなかったら、財産から強制的にお金を取り上げられたり、身体を拘束されて働かされたりする制度もあるで。1番低い罰金は1万円、1番高い罰金は上限なしって覚えておいて!

結論

1番低い罰金は1万円。1番高い罰金は上限なし。

動画版が見られます

要点1

罰金の下限は、刑法で原則1万円と決まっている。

要点2

罰金の上限は、青天井。脱税だと、上限なく罰金が科されるケースがある。

要点3

日本で個人に言い渡された罰金の最高額は7億円。

質問
035

逮捕されたら必ず前科ってつくんですか？

質問きてた

タケシさん、逮捕されたら前科がつくんですよね？

まあ、逮捕だけやったら前科がつくとは限らんなあ。

そうなんですか？　どういうときに前科ってつくんですか？

それじゃ、逮捕されて前科がつくケースとつかないケースを解説していくで！

前科って、裁判所から有罪判決を受けた経歴のこと。逮捕されたら前科がつくと思っている人も多いけれど、実は必ず前科がつくわけじゃない。

逮捕されて前科がつくケースは、この２つ。

１つ目は、逮捕されて裁判所に行き、裁判官から有罪判決を言い渡されたケース。これは当然前科がつくことになる。

２つ目は、逮捕されて裁判所には行かなかったけど、検察庁に行って罰金の同意書にサインをしたケース。これは略式起訴といって、法廷での裁判の手続きを省略して書類だけで処分を決める方法。この場合も有罪になったことに変わりはないので、前科がつくことになる。

ただ、逮捕されても前科がつかないケースもある。

たとえば、逮捕されて捜査されたけど、釈放されて有罪判決は受けなかったケース。こういうときは、前科ではなく前歴っていうのがつくことになる。前歴とは警察から捜査された経歴のこと。前科と前歴って別物やねんけど、ごっちゃになってる人も多い。前科や前歴のデータは捜査機関がちゃんと保管してるので、また事件を起こしたときに「こいつ、反省してへんな」と思われて厳しい扱いを受ける可能性が出てくる。

ちなみに、事件を起こしたけど逮捕されず、在宅で捜査を受けた場合も同じ感じ。その後に有罪判決を受けたら前科がつくし、そうじゃなければ前歴がつくで。

結論

逮捕されただけでは前科はつかない。

動画版が見られます

要点1

前科とは、裁判で有罪判決を受けた経歴のこと。

要点2

逮捕されたけど有罪判決を受けなかった場合は、前科ではなく前歴がつく。

要点3

前科や前歴がついたら、次に逮捕されたときに厳しい扱いを受ける可能性がある。

質問
036

人の唐揚げに勝手にレモンをかけたら犯罪ですか？

質問きてた

やっぱり、唐揚げにはレモンですよね！　かけちゃいますよ！

あ、おれ、唐揚げにレモンかけない派やねんけど……。

ええっ！　すみません、もうかけちゃいました！
これって、犯罪にならないですよね……？

普通はならんけど、ケースによったら犯罪になることもあるで！

他人の唐揚げに勝手にレモンをかけても、普通なら犯罪にならない。

今回のおれとのりちゃんみたいに、「唐揚げにレモンかけるの苦手やな〜」と内心で思っている人がいるのに唐揚げにレモンをかけたケースはセーフ。

ただ、他人の唐揚げにレモンをかけて犯罪になるケースもある。たとえば、唐揚げを買ってきた人が重度のレモンアレルギーで、「レモンを口に入れたら喘息で死にそうになるから、絶対にレモンをかけないで」と言っていたケース。

このケースでは、勝手に唐揚げにレモンをかけてしまうと、アレルギー持ちの人は唐揚げを食べられなくなってしまうので、器物損壊罪が成立する。刑罰は、3年以下の懲役か30万円以下の罰金か科料。

また、こっそり唐揚げにレモンをかけて、それを食べた人にアレルギー症状が出てしまったら、傷害罪が成立する。刑罰は、15年以下の懲役または50万円以下の罰金。アレルギー症状で亡くなってしまったら、傷害致死罪や殺人罪が成立する可能性もある。

のりちゃん、唐揚げにレモンをかけるときは、勝手にかけるんじゃなくて一言声をかけてあげてや。唐揚げにレモンかけるときも法律厳守で！

結論

唐揚げにレモンをかけたら犯罪になる場合がある。

動画版が見られます

要点1

重度のレモンアレルギーの人の唐揚げに勝手にレモンをかけたら器物損壊罪。

要点2

さらに、アレルギー症状が出たら傷害罪になることもある。

要点3

最悪、アレルギー症状で亡くなった場合は傷害致死罪・殺人罪になることも。

質問
037

生きている人を死んだことにする、死んだ人を生きていることにする。どっちが罪が重いですか？

質問きてた

質問きてた　037　生きている人を死んだことにする、死んだ人を生きていることにする。どっちが罪が重いですか？

うう〜、タケシさんが死んでしまった〜！
動画投稿はぼくがひとりで続けていきます〜！

こら こら こら、人を勝手に死なすな！　おれはピンピンしてるで！

あっ、タケシさん！　いたんですか！　もちろん冗談ですよ！
もしタケシさんが死んでも、生きてることにして動画投稿は続けていくんで、
安心してください！

あかん あかん あかん！　どっちも犯罪になる可能性があるで！

まず、生きている人を死んだことにしたら、公正証書原本不実記載罪や有印私文書偽造罪が成立する可能性がある。

役所に行って「岡野タケシが死にました〜」と嘘の申告をし、戸籍などに間違った記録をさせ

るのは公正証書原本不実記載罪。５年以下の懲役または50万円以下の罰金が科される。

また、死亡届を提出するのに必要な医師の死亡診断書を偽造して役所に提出するのは有印私文書偽造・同行使罪。３月以上５年以下の懲役が科されるね。

一方、死んだ人を生きていることにしたら、戸籍法違反になる可能性がある。戸籍法では、亡くなったことを知った日から７日以内に死亡届を出さなければならないと決められており、これを破ったら５万円以下の過料が科される。

生きている人を死んだことにするのと、死んだ人を生きていることにするのとでは、生きている人を死んだことにする方が基本的には罪が重い。

ただ、死んだ人を生きていることにして、死んだ人の分の年金や生活保護といったお金をもらい続けた場合は、詐欺罪が成立する。詐欺罪の刑罰は10年以下の懲役なので、生きている人を死んだことにするよりもこっちの方が罪が重くなるで。

質問きてた 037 生きている人を死んだことにする、死んだ人を生きていることにする。どっちが罪が重いですか？

結論

生きている人を死んだことにする方が罪が重い。

動画版が見られます

要点1

生きている人を死んだことにして役所の人に戸籍に記録させたら公正証書原本不実記載罪。

要点2

さらに、死亡届を提出するのに必要な死亡診断書を偽造したら有印私文書偽造罪。

要点3

一方、死んだ人を生きていることにして、届出をしなかったら戸籍法違反。

条文

刑法

第157条（公正証書原本不実記載等）

公務員に対し虚偽の申立てをして、登記簿、戸籍簿その他の権利若しくは義務に関する公正証書の原本に不実の記載をさせ、又は…電磁的記録に不実の記録をさせた者は、5年以下の懲役又は50万円以下の罰金に処する。

戸籍法

第86条1項【届出期間】

死亡の届出は、届出義務者が、死亡の事実を知った日から7日以内（国外で死亡があったときは、その事実を知った日から3か月以内）に、これをしなければならない。

質問
038

1万円を盗むのと、1万円分の物を盗むのでは、どっちの罪が重いですか？

質問きてた　038　1万円を盗むのと、1万円分の物を盗むのでは、どっちの罪が重いですか？

タケシさん、ここに1万円札と1万円分の物を用意しました！

なになに、いきなりどうしたん？

これ、価値としては同じですが、どっちを盗んだ方が罪が重くなりますか？

お〜、おもろい質問やね。じゃあ、どっちの方が罪が重いか解説するわ！

結論から言うと、1万円札を盗むのと、1万円分のものを盗むのとでは、罪の重さは一緒になる。なぜなら、「被害額が1万円」という結果が同じだから。

ただ、被害額が1万円という結果が同じでも、罪の重さが変わる場合もある。それは、盗むときの行為の悪質さの違い。

たとえば、路上に駐輪されていた1万円の価値がある自転車を盗んだケース。これは、逮捕さ

04 犯罪

れても初犯なら不起訴処分になり、前科がつかないことも多い。

一方、酔っぱらって寝ている人のポケットから1万円を盗んだケース。これは、初犯でも罰金刑になり、前科がつくことが多い。

この2つのケースは両方とも1万円相当のものを盗んでいるけど、寝ている人のポケットからわざわざ財布を奪う行為の方が悪質だと考えられているため、こっちの方が罪が重くなる。

罪の重さって、結果と行為の両方で決まる。1万円札を盗むのと1万円分のものを盗むのとでは、被害の程度という結果は同じだけど、どんな状況や行為で盗んだかによっては罪の重さが変わることがある。

のりちゃんその1万円札、もしかしておれが寝てるときに財布から盗んだんちゃうやろな！まあ、今すぐ自首したら許そか。

質問きてた　038　1万円を盗むのと、1万円分の物を盗むのでは、どっちの罪が重いですか？

結論

基本的に罪の重さは同じ。

要点1

1万円を盗むのと1万円分の物を盗むのは、被害額が1万円という結果は同じ。

要点2

ただし、盗む行為の悪質さによって罪の重さが変わる。

要点3

たとえば、路上に駐輪されていた1万円相当の自転車を盗むより、人のポケットから1万円を盗む方が罪が重い。

04 犯罪

法律トリビア

ドラマでよく見るあのシーン、実はやりすぎ!?

ドラマでよく見る「時効完成の１時間前に犯人を逮捕！間に合った！」みたいなシーン。あれ、弁護士の目から見るとやりすぎ。

時効って、警察官が犯人を逮捕するまでの時間制限ではなく、検察官が犯人を起訴するまでの時間制限のこと。

もし、時効完成の１時間前に犯人を逮捕したとしても、そこから警察が取調べをする、供述調書を書く、検察官に送致する、検察官も取調べをする、起訴状を書く……みたいに、起訴までかなりの手順を踏まないといけない。時効完成の１時間前じゃ、全然時間が足りない。

逮捕から起訴までに必要な時間を考えたら、時効完成の２週間前には逮捕しておかないとなかなか厳しいやろな。

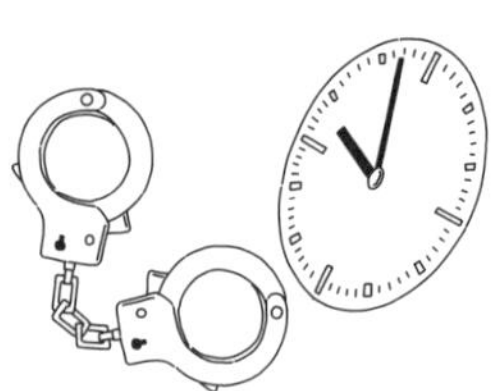

刑務所

質問
039
死刑を執行した人はお金がもらえるって、本当ですか？
質問きてた

タケシさん、ぼく、死刑にまつわる噂を聞いたんですけど……。

何？　どんな噂を聞いたん？

死刑を執行した人はお金がもらえるっていう噂なんですけど、これって本当なんですか？

あ、その噂、実はちゃんと規則で決まってるねんで。解説していこか。

まず、日本の死刑って、絞首刑、つまり首吊りで執行されることが刑法11条で決められている。

絞首刑の具体的な流れとしては、最初に死刑囚は首に縄をかけられて床に立たされる。次に刑務官が別室にあるボタンを押すと、床が開いて死刑囚が下に落ち、首が絞まって死刑が執行されるって形。

床が開くボタンは3つから5つあって、このボタンを3人から5人の刑務官が同時に押すことになってる。複数のボタンのうち、1つだけ床が開くボタンがあって、残りはダミー。こうすることで、誰が本当に死刑を執行したのかわからないよう配慮されてる。

それで、のりちゃんが聞いたお金をもらえるって噂は、規則で本当に決まってること。人事院規則9－30で、死刑執行を担当した刑務官には死刑執行手当を支給するって定められてるねん。金額は1回の死刑執行につき2万円。

また、死刑執行を担当した刑務官は心理的にとても疲れるので、その日はそのまま早退になるらしい。

死刑って、執行する刑務官に強い心理的な負担がかかる。そのためさまざまな配慮がされているし、特別な手当も支給されることになってるんやで。

質問きてた　039　死刑を執行した人はお金がもらえるって、本当ですか？

死刑を執行した人はお金がもらえるのは本当。

動画版が見られます

要点1

日本の死刑は絞首刑で、ボタンを押して死刑を執行する。

要点2

このボタンを押した刑務官には、死刑執行手当が支給される。

要点3

死刑執行手当の金額は、1回につき2万円。

質問
040

死刑になる殺人と死刑にならない殺人の違いってなんですか？

質問きてた

殺人で、死刑になる場合と、死刑にならない場合ってあるじゃないですか。

せやね。殺人にも複数の刑罰が定められてるからね。

死刑になる場合と、ならない場合の違いって何なんでしょう？

これ、裁判所はある基準で判断してるねん。解説していこか。

裁判で殺人を犯した人を死刑にするかどうかを判断するときは、「永山基準」っていう基準が使われることが多い。

この「永山」って、１９６８年（昭和43年）に起きた複数の殺人事件の犯人・永山則夫のこと。永山を死刑にするか無期懲役にするか判断した基準を１９８３年（昭和58年）に最高裁判所が出し、この基準が以降の裁判でも「永山基準」と呼ばれて引用されるようになってん。

永山基準で考慮されるのは次の9つの観点。

①犯罪の性質　②犯行の動機　③犯行態様
④結果の重大性　⑤遺族の被害感情　⑥社会的影響
⑦犯人の年齢　⑧前科　⑨犯行後の情状

つまり、死刑になる殺人って、この9つの基準で見て、死刑がやむを得ないと判断されるほど極めて悪質なもの。

ちなみに、永山基準の元になった永山則夫については、弁護側は事件当時19歳と若かったことなどを理由に無期懲役を主張したけれど、裁判所は身勝手な理由で4人の一般市民を残虐に殺害したことを考慮して、最終的に死刑判決を言い渡している。

なお、永山基準の9つの観点は、1つだけを考慮するのではなく、あくまで総合的に考慮される。仮に被害者が1名だけでも、犯行態様が極めて悪質だったり、社会的影響が大きかったりすれば、死刑になることもあるんやで。

結論

死刑になるかどうかは「永山基準」で判断される。

動画版が見られます

要点1

永山基準とは、1983年（昭和58年）に最高裁判所が出した基準のこと。

要点2

この基準で考慮されるのは、犯行の方法、結果の重大性などの9つの観点。

要点3

死刑になる殺人は、この9つの基準で見て死刑がやむを得ないと判断されるほど悪質なもの。

永山基準9つの項目と判決への影響（例：殺人）どのような場合に死刑になりやすくなるか？

犯罪の性質	犯行の動機	犯行態様
悪質性が高い	自己中心的な動機	殺害方法が極めて酷い
結果の重大性	**遺族の被害感情**	**社会的影響**
死者数が多い	遺族が死刑を強く希望	報道などで影響が大きい
犯人の年齢	**前科**	**犯行後の情状**
青少年以外	前科が多い	全く反省していない

質問
041

死刑は平日にしか執行できないって本当ですか？

質問きてた

タケシさん、死刑って、いつ執行されてるんですか？

せやな。死刑が執行される日って、法律で決まってるんやで。

そうなんですか⁉　どんな日に執行されてるんですか？

じゃあ、死刑が執行される日について教えよか。

死刑が執行される日って、年末年始以外の平日。

刑事収容施設及び被収容者等の処遇に関する法律の178条2項では、「土日祝日、1月2日～3日、12月29日～31日には死刑を執行しない」と定められている。よって、土日祝日と年末年始は死刑が執行されない。

死刑って、死刑囚本人にもいつ執行されるか事前に知らされず、当日の朝になっていきなり知らされる。だから死刑囚は、平日の朝は「今日死刑執行されるんじゃないか」とびくびくしながら過ごすと言われている。

ちなみに、死刑の執行は法務大臣が決めていて、刑事訴訟法475条では、死刑判決が確定したあと半年以内に執行することになっている。

けれど、死刑囚には再審の権利があるなどの理由で、死刑がすぐに執行されないことも多いね。死刑判決の確定から執行まで、近年は平均で7～8年かかっているな。

また、死刑は全国7か所の刑事施設にある処刑場で行われる。具体的には、札幌刑務所、宮城刑務所、東京拘置所、名古屋拘置所、大阪拘置所、広島拘置所、福岡拘置所の7か所。

死刑って、手続き的に絶対に不備があってはいけないから、法律でいろいろなルールが定められているんやで。

041 死刑は平日にしか執行できないって本当ですか？

結論

死刑は平日にしか執行できないのは本当。

動画版が見られます

要点1

刑事収容施設法では、土日祝日と年末年始には死刑を執行しないと決められている。

要点2

死刑の執行は法務大臣が決めている。

要点3

死刑は全国で全国7か所の刑事施設にある処刑場で執行されている。

条文

刑事訴訟法

第475条【死刑の執行】

1項　死刑の執行は、法務大臣の命令による。

2項　前項の命令は、判決確定の日から6箇月以内にこれをしなければならない。但し、上訴権回復若しくは再審の請求、非常上告又は恩赦の出願若しくは申出がされその手続が終了するまでの期間…は、これをその期間に算入しない。

質問
042

死刑囚って1日どんな風に過ごすんですか？

死刑判決を受けた死刑囚って、どんな風に過ごしているんですか？

せやね。死刑執行まで、拘置所の独房に入れられて過ごすことになるね。

じゃあ、死刑囚の1日ってどんな感じなんですか？

実は、死刑囚の1日のスケジュールって決まってるねん。一緒に見ていこか。

死刑囚は、毎日独房でひとりで過ごしている。

死刑囚の1日のスケジュールは決まっていて、平日は7時、休日は7時半に起床。朝食、昼食、夕食は毎日決まった時間に取り、17時には横になることを許される仮就寝、21時には就寝になる。

日中は基本的に自由時間。懲役刑の受刑者には刑務作業が課されるけど、死刑囚には課されない。なぜなら、死刑囚は死刑を執行されることが刑罰の内容となっているから。

自由時間には、1日30分の運動をしたり、張り紙などの簡単な作業をして報酬を得る「自己契約作業」をしたりすることができる。けど、中には何もせずに過ごす人もいるらしい。

就寝時にもルールがあって、たとえば布団は頭を扉側にして敷かなければならない。それに、顔に布団をかけることも禁止。また、就寝中は完全に照明が消されるのではなく、常に10ワット程度の薄暗いライトをつけられることになる。これは、就寝中も死刑囚の状況を監視するため。

死刑囚が刑事施設で過ごす期間って、いわば執行までの待期期間。労働などを強制されることはないけど、心情を安定させたり、逃亡を防いだりするために、いろいろなルールのもとで1日を過ごしているんやね。

結論

死刑囚は、死刑執行まで独房でひとりで過ごす。

動画版が見られます

要点1
1日のスケジュールは起床7時、就寝21時など、規則正しく決まっている。

要点2
日中は基本的に自由時間になる。死刑囚には刑務作業は課されない。

要点3
就寝時にも、顔に布団をかけない、完全に照明を消さないなどのルールがある。

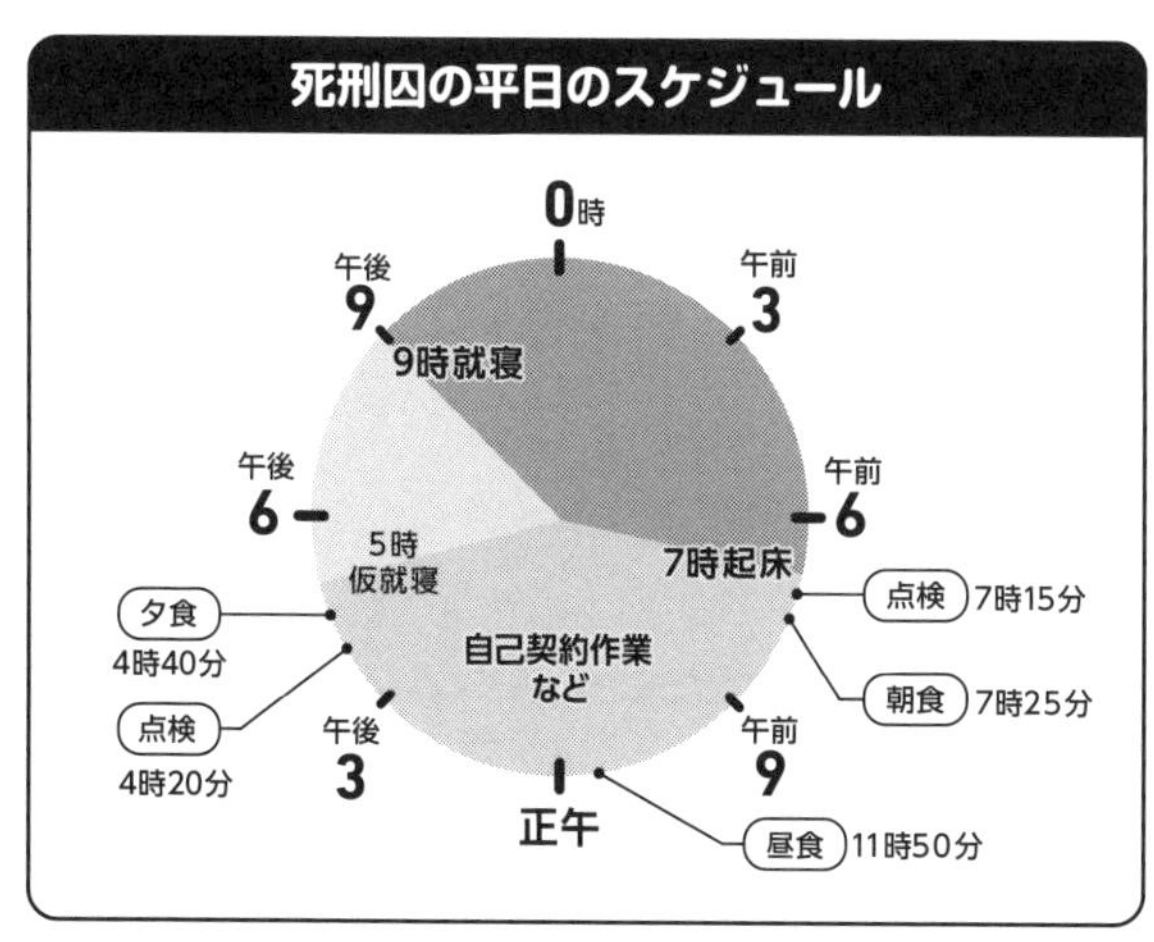

質問
043

刑務所の中って、どんなご飯が出てくるんですか？

質問きてた

質問きてた　043　刑務所の中って、どんなご飯が出てくるんですか？

刑務所のご飯って、朝・昼・夜にちゃんと出てくるんですか?

せやで。朝・昼・夜、3食出てくる。

そうなんですか!?　どんなご飯が出てくるんですか?

刑務所で出てくるご飯って、こんな感じやで!

刑務所のご飯って、基本的には和食が中心。

朝ご飯は、ご飯・味噌汁・おかず・ふりかけ。ご飯は麦飯3：白米7の割合で混ぜ合わせた麦飯が中心。おかずは納豆や海苔の佃煮など、簡単なものが多い。

昼ご飯は、揚げ物や麺類などボリュームのあるもの。ちゃんぽんやすき焼き風の煮込み、カレーが出されることもある。これにサラダや漬け物などの副菜もついてくる。

晩ご飯は、ヘルシーなものが多い。たとえば、おでんや肉じゃがなど。ときどきみかんやパイナップルの缶詰といったデザートが出されることもあるで。

刑務所によってもメニューは違って、その土地ならではの料理が出てくることもある。たとえば、青森ではねぶた漬けっていう漬け物が出たり、宮城では里芋を使った芋煮が出たりする。また、クリスマスのケーキなど、季節にあわせた特別メニューが出てくることもある。

こういった刑務所のご飯は、管理栄養士が栄養バランスを考えながらメニューを決め、受刑者が刑務作業で調理している。ちなみに、刑務所のご飯の予算は決まっていて、成人受刑者1人の1日あたりの食費は約530円やで。

※2022年(令和4年)度の場合

結論

基本的に和食が中心のメニューが出る。

動画版が見られます

要点1

朝ご飯は、ご飯・味噌汁・おかず・ふりかけ。

要点2

昼ご飯は、ボリュームがあるもの。揚げ物や麺類、カレーが出てくる。

要点3

晩ごはんは、ヘルシーなもの。おでんや肉じゃがなど。ときどきデザートも出てくる。

質問
044
刑務所の中って、
娯楽はありますか？
質問きてた

質問きてた　044　刑務所の中って、娯楽はありますか？

刑務所って、刑務作業をするだけじゃなくて、自由時間もあるんですか？

せやね。夕食を終えたあと、就寝するまでとかは自由時間になってるで。

そうなんですね！　自由時間って何をしてるんですか？

じゃあ、受刑者が自由時間にしている娯楽を紹介していくわ！

刑務所の中にも娯楽はあって、刑務作業の休憩時間や、夕食後の自由時間に、好きな娯楽をしてもいいことになってる。

たとえば、テレビを見たり、ラジオを聞いたり、本を読んだりすることができる。また、月に1回程度、漫才師や落語家によるショー、歌手によるコンサートが行われることもある。

あとは、模範囚だけが参加できる映画鑑賞会もあるねん。映画を見ながらお菓子を食べることも許されてるから、楽しみにしている受刑者も多いらしい。

娯楽の中でも、とくに人気なのが将棋と囲碁。刑務所の中には、将棋と囲碁のセットを受刑者が集団で暮らしている部屋や工場に常備しているところもある。また、刑務所内でトーナメント制の大会が開かれることもあるねんて。

ただ、将棋と囲碁を楽しむときも刑務所ならではのルールがある。そのルールとは、大会以外で人がやっている勝負の観戦禁止。なぜなら、観戦している人から「悪い手やな」みたいなヤジが飛んで、取っ組み合いの喧嘩に発展してしまうことがあるから。

刑務所の中での娯楽が認められているのは、心と体の健康を維持させるためと、余暇時間を有意義に過ごす習慣を身につけさせるため。なので、娯楽を楽しむにあたっての刑務所ならではのルールも定められているねんで。

結論

刑務所の中にも、いろいろな娯楽がある。

動画版が見られます

要点1

受刑者は、刑務作業の休憩時間や夕食後の自由時間に好きな娯楽を楽しめる。

要点2

たとえば、テレビやラジオ、読書が多い。また、月1回程度、コンサートなどもある。

要点3

とくに人気なのは囲碁と将棋。ただし、観戦禁止など刑務所ならではのルールもある。

質問
045
刑務所に
収容されたら
坊主にされますか？
質問きてた

質問きてた　045　刑務所に収容されたら坊主にされますか？

刑務所にいる受刑者って、髪型の決まりってあるんですか？

せやね。男の人も女の人も、髪型は決まってるね。

そうなんですか！　どんな髪型にしなきゃいけないんですか？

じゃあ、刑務所の中での髪型について、詳しく教えよか！

刑務所の中での髪型は、刑事被収容者処遇法で決まっている。

男性の受刑者の場合は、原則として「原型刈り」と「前五分刈り」のどちらかを選ばなければならない。

原型刈りは全体の髪の長さが0・2センチになるように刈り上げる髪型。前五分刈りは、頭の上部は1・6センチになるように刈り、その周囲は上部の髪とバランスが取れるように刈り上げる髪型やで。つまり、坊主かちょっと長めの坊主かの2択ってことやな。

ただ、出所前などの特別な事情がある場合は、「中髪刈り」っていう長めの髪型を選ぶこともできる。中髪刈りは、頭の上部は5センチ程度になるように切り、その周囲は刈り上げる髪型。

刑務所の中での髪型が決められている理由には、衛生面の問題や、刑務作業中の危険防止といったものがある。

刑務所って毎日お風呂に入れるわけじゃないから、髪を伸ばしてると不衛生になってしまう。それに、刑務作業で機械を動かすときに髪が巻き込まれてしまうと危険やしね。

なお、女性の受刑者の場合は、髪型については「華美にわたることなく、清楚な髪型とする」と定められているねんで。

結論

男性は坊主にすることが法律で決まっている。

動画版が見られます

要点1

男性の受刑者の髪型は、原型刈りと前五分刈りのどちらかを選ばなければならない。

要点2

出所前などの特別な事情があれば、少し長めの中髪刈りも選べる。

要点3

女性受刑者は、派手ではなく清楚な髪形にしなければならない。

質問
046

新しくできる「拘禁刑」ってなんですか？

質問きてた

質問きてた　046　新しくできる「拘禁刑」ってなんですか？

タケシさん、ニュースで懲役刑と禁錮刑が一本化されるって見たんですけど、これ、どういうことなんですか？

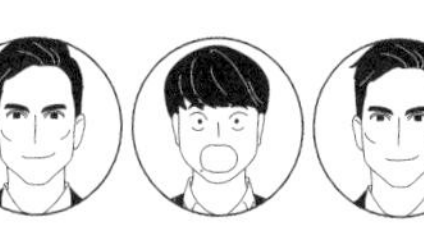

ああ、それ、2025年（令和7年）からはじまる見込みの刑罰やね。

へえ～、そうなんですか！　拘禁刑に一本化されたら何が変わるんですか？

じゃあ、拘禁刑について解説していこか！

2023年（令和5年）現在、犯罪をした人が刑務所の中に入る刑罰には、主に「懲役刑」と「禁錮刑」がある。懲役刑と禁錮刑の違いは、刑務作業が課されるかどうか。懲役刑には刑務作業を行う義務があるけど、禁錮刑には刑務作業を行う義務はない。

ただ、実際のところは、禁錮刑になった受刑者も自ら志願して刑務作業を行うことも多い。禁錮刑って独房でずっと過ごすことになるから、やることがなくて苦痛に感じる人も結構いるねん。

2022年（令和4年）のデータでは、禁錮刑になった受刑者の79・8％が刑務作業をしているとのこと。

そのため、「懲役刑と禁錮刑を分ける意味はあまりないのでは？」と指摘されるようになり、新しい刑罰である拘禁刑に一本化する刑法の改正案が国会で成立した。実際に拘禁刑が科されるようになるのは2025年（令和7年）からの見込み。

拘禁刑では、受刑者に対して「改善更生を図るため、必要な作業を行わせ、または必要な指導を行うことができる」とされている。拘禁刑の受刑者は、刑務作業をするだけではなく、年齢や特性に応じて更生につながる教育を受けたり、高齢の受刑者は福祉的な支援を受けたりすることになる。

拘禁刑に一本化し、受刑者一人ひとりにあわせた柔軟な対応をすることで、再犯防止につなげる目的があるんやで。

結論

懲役刑と禁錮刑が一本化された刑罰。

動画版が見られます

要点1

現在ある懲役刑と禁錮刑の違いは、刑務作業を行う義務があるかないか。

要点2

禁錮刑の受刑者は、刑務作業をする義務はないが、実際は志願して作業を行うことが多い。

要点3

そのため、拘禁刑に一本化し、受刑者一人ひとりにあわせた対応をすることになった。

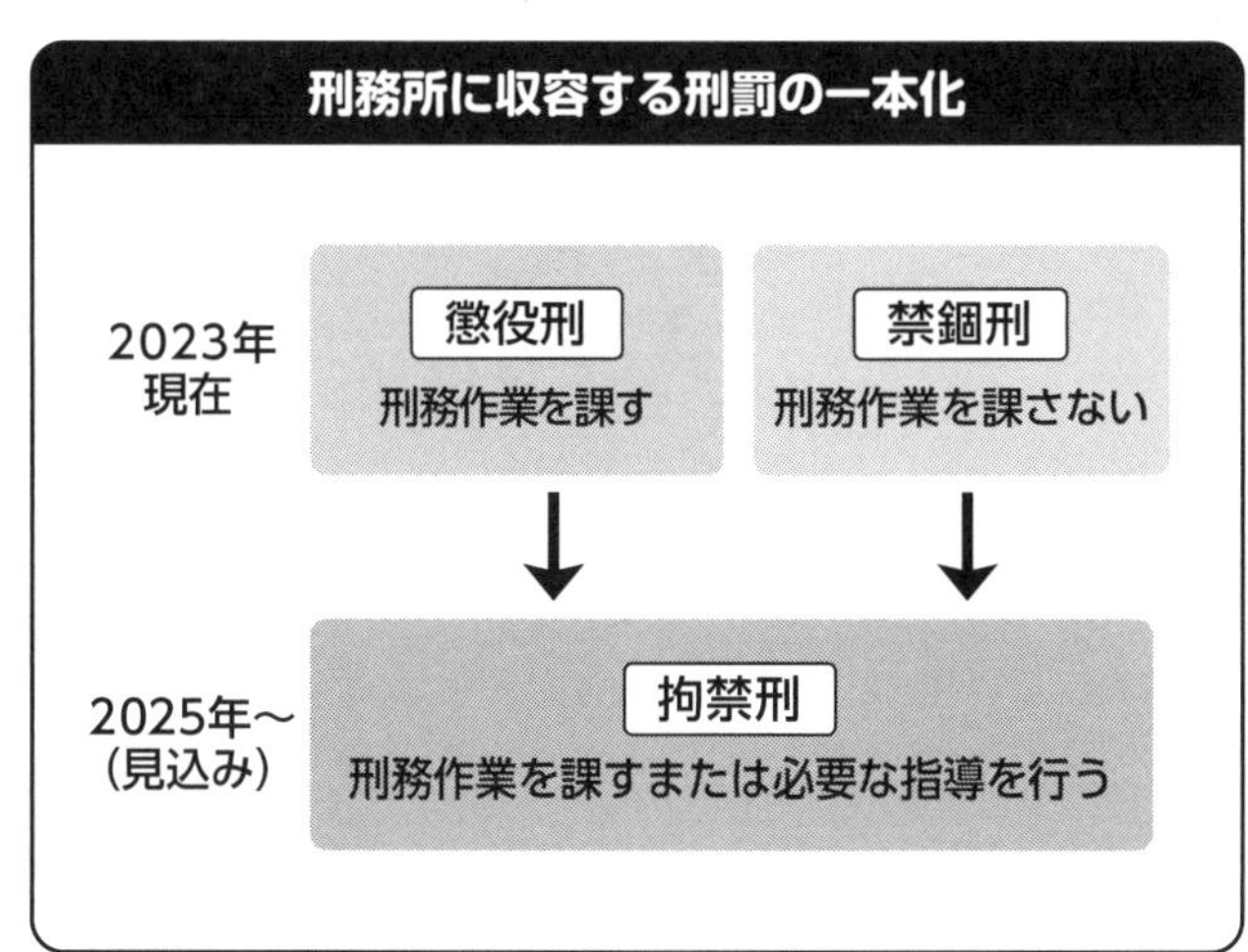

質問
047

刑務所から脱走したらどんな罪になりますか？

質問きてた

質問きてた　047　刑務所から脱走したらどんな罪になりますか？

昨日、刑務所から脱走する映画を見たんですよ！

そういう映画、よくあるなあ。

映画みたいに刑務所から脱走したら、やっぱり犯罪になりますよね？

そらそうやで！　どんな犯罪になるか、解説していくわ。

刑務所から脱走したら、刑法97条の逃走罪になり、３年以下の懲役が科される。

さらに、刑務所から脱走するときに刑務所の物を壊す、刑務官を殴る、２人以上の受刑者が協力して逃げるといったことをした場合は、刑法98条の加重逃走罪というより重い罪になり、３か月以上５年以下の懲役が科される。

また、受刑者が脱走できるように逃走経路を教えたり、道具を貸したりした人にも、刑法

100条の逃走援助罪が成立して3年以下の懲役が科されるで。

ちなみに、2023年（令和5年）6月に刑法が改正されて、少年院から脱走した場合も逃走罪が成立するようになった。

以前は、少年院から脱走した場合は逃走罪にはならなかった。少年院は刑事施設ではなく非行をした少年を更正させる矯正施設やから、脱走しても逃走罪には当てはまらないってことになっててん。ただ、逃走罪は成立しなくても、脱走するときに施設を壊したら建造物損壊罪は成立していた。実際に、少年院の窓枠を壊して脱走した少年が建造物損壊罪で指名手配され、その後に逮捕された事例もあったで。

映画のような脱走はかっこよく見えるけど、現実でやると犯罪になるし、すぐ逮捕されるで！

結論

刑務所から脱走したら逃走罪になる。

動画版が見られます

要点1

逃走罪の刑罰は3年以下の懲役。

要点2

逃走の際、物を壊したり看守を殴ったりすると、さらに罪が重い加重逃走罪になる。

要点3

少年院から脱走した場合も、逃走罪に問われることになる。

質問
048

絶対に脱獄できない刑務所ってどこですか？

質問きてた

質問きてた

048　絶対に脱獄できない刑務所ってどこですか？

タケシさん、絶対に脱獄できない刑務所ってありますか？

ああ、有名な刑務所があるね。

ええっ、それってどこにあるんですか⁉

じゃあ、実際にあった絶対に脱獄できない刑務所を紹介するわ！

絶対に脱獄できない刑務所として有名なのは、アメリカに昔あったアルカトラズ刑務所。海に浮かぶ小さな島につくられた刑務所で、島の周りは潮の流れが強く、海水もとても冷たいことから、脱獄は不可能と言われていた。

アルカトラズ刑務所が運営された29年間で、実際に受刑者36人が脱獄をしようとしたものの、

・脱獄の途中で捕まったのが23人
・脱獄の途中で撃ち殺されたのが6人

・脱獄後、海で溺れ死んだのが２人
・行方不明となり、溺死と結論付けられたのが５人
と、全員が脱獄に失敗している。

例として、１９６４年（昭和39年）にアルカトラズ刑務所から脱獄しようとした３人組は、６か月かけて流しの下の換気ダクトを広げて逃走。レインコートから作成した救命具やゴムのいかだを持って海に飛び込み、そのまま逃げようとした。

この３人組の脱獄の発覚後、軍を動員した大規模捜査が行われたんやけど、見つかったのは海に浮かぶいかだや救命具の残骸だけ。捜査機関は「湾の乱流と極寒の水の中で３人組が生き延びる確率は無視できる」として捜査を終了したという。

ちなみに、現在アルカトラズ刑務所は閉鎖されて、刑務所内をツアーで見学できる観光名所になってる。お土産として、刑務所の食堂で使われていた食器なども販売されてるらしいで。

結論

絶対に脱獄できない刑務所は、アルカトラズ刑務所。

動画版が見られます

要点1

アルカトラズ刑務所は、アメリカの海に浮かぶ小さな島につくられた刑務所。

要点2

刑務所が運営された29年間で、36人の受刑者が脱獄しようとしたが、全員失敗。

要点3

現在はアルカトラズ刑務所は閉鎖され、観光名所になっている。

質問
049

刑務所から釈放された人は、その後どうするんですか？

質問きてた

質問きてた　049　刑務所から釈放された人は、その後どうするんですか？

刑務所から釈放されるときって、どんな感じなんですか？

大体は、午前中に刑務所の玄関前で釈放されるで。

そうなんですね！　そのあとはどうなるんですか？

じゃあ、刑務所から釈放されたあとの流れを解説していこか！

まず、元受刑者が刑務所から釈放されるのは午前中が多い。刑事収容施設法171条1号で、「釈放日があらかじめ決まっているなら午前中に釈放する」って決まってるねん。

元受刑者は、刑務所の玄関前でそのまま釈放されることが多いけど、最寄りの公共交通機関まで送ってもらえる場合もある。

そして、刑務所から釈放されるときは、捕まっていたときに持っていた所持金と、刑務作業をして貯めた作業報奨金がもらえる。また、自宅などへ帰る旅費がないときは、旅費を支給してもらうこともできる。これも刑事収容施設法で決まっているルール。

刑務所から出れば、あとは普通の人のように自由な生活になる。

もし、刑務所から出ても行き場がないなら、更生保護施設に行くことになる。更生保護施設って、行き場がない元受刑者を受け入れて、寝る場所や食事を提供したり、就労指導・生活指導をしたりする施設。ここで元受刑者は衣食住を確保して、自立する準備をはじめていく。

その後は、年金や健康保険の手続きをしたり、ハローワークなどで仕事を探して働き始めたりする。刑務所から釈放されたあと、元受刑者はこんな感じで社会復帰の準備を進めていくんやで。

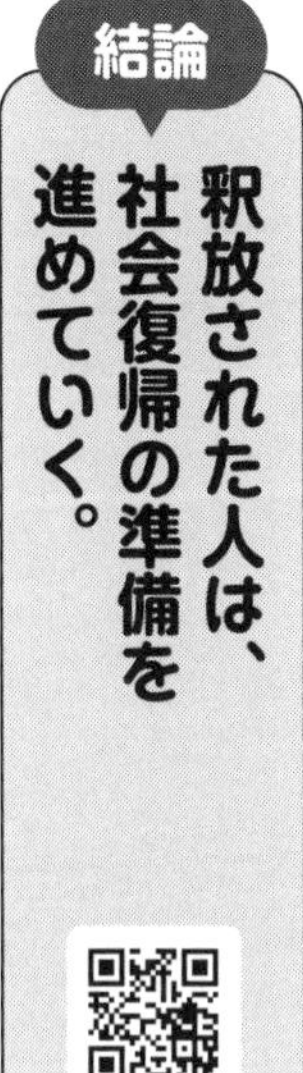

要点1

釈放されたあとは、自由な生活。普通の人と同じように、ハローワークなどで仕事を探す。

要点2

釈放されたときに所持金と作業報酬金がもらえるので、当面の生活費などに使う。

要点3

刑務所から出ても行き場がない人は、更生保護施設に行って自立の準備をはじめる。

作業報奨金（1人1か月あたり平均）

年度	金額
令和3年	4,516円
令和2年	4,320円
令和元年	4,260円

出所：法務省「犯罪白書」令和2〜4年分

質問
050

無期懲役ではなく、100年以上の懲役ってありますか？

質問きてた

050 無期懲役ではなく、100年以上の懲役ってありますか？

有期懲役って、最高何年まであるんですか？

日本では法律で上限が決まっているけど、海外では100年以上の懲役刑もあったりするで。

えええっ⁉　100年以上ですか⁉

せやねん。実際に、100年以上の懲役刑が言い渡された例を紹介するで！

海外では、複数の罪を犯したときに、懲役刑の長さが単純に足し算で決まっていく国がある。そういった国では、100年以上の懲役が言い渡されることもある。

たとえば、世界最長の懲役刑は、なんと14万1078年。これはタイのチャモイ・ティピヤソという女詐欺師に言い渡されたもので、ギネスブックにも登録されている。この女詐欺師は、ねずみ講で1万6000人以上のタイ人からお金をだまし取ったとのこと。

他にも、長い懲役刑が言い渡された例としては、
・スペインの爆破テロを起こしたテロリストに約４万年
・アメリカの児童強姦犯に約３万年
・アルゼンチンの集団殺戮に関わった軍人に約1万７０００年
といったものがある。

ただし、実際に執行される刑期の長さは、数十年程度に調整されることも多い。

一方、日本には１００年以上の有期懲役はない。日本の有期懲役は、刑法14条2項によって、上限が30年って決められている。

なお、無期懲役は、刑期の期限は定められていない。ちなみに、日本で1番長く刑務所で服役した記録は61年間となっている。

結論

日本にはないけど、海外には100年以上の懲役がある。

動画版が見られます

要点1

海外では、複数の罪を犯したときに懲役刑の長さが単純に足し算で決まる国がある。

要点2

世界最長の懲役刑は、タイで言い渡された14万1078年で、ギネスにも登録された。

要点3

一方、日本の有期懲役の上限は30年と決められている。

法律トリビア

果汁ジュースのパッケージって、実は法律で決まってる!?

オレンジジュースやアップルジュースといった果汁ジュース。あの果汁ジュースのパッケージって、法律でルールが決められてるって知ってた？

実は果物のジュースのパッケージは、果汁が何%かによって使っていい表現が違う。果汁１００%の果実ジュースは、果物をスライスした断面や、果物から落ちている果汁のしずくの表現を使っていいけど、果汁１００%未満の場合は使っちゃいけない。

さらに、果汁５%未満のジュースは果物のリアルなイラストを使うのもアウト。果物をすごくデフォルメしたイラストしか使えない。

これは、「果実飲料等の表示に関する公正競争規約及びその施行規則」で決まっているルール。スーパーやコンビニに果汁ジュースが置いてあったら見てみて！

事故被害

ATOM
アトム法律事務所

質問
051

損害賠償請求ってどうやってやるんですか？

質問きてた

051 損害賠償請求ってどうやってやるんですか？

タケシさん、聞いてください！
ぼくが持ってる一眼レフカメラ、目を離してる隙に壊されてたんですよ！

ええっ⁉ それは悲しいなあ。

これって器物損壊ですよね⁉ もし犯人がわかったら、損害賠償請求して、お金を払ってもらうことってできますか？

もちろんできるで！ 相手に損害賠償請求する方法、解説するわ！

今回ののりちゃんみたいに、誰かから法律に違反するようなことをされて損害を受けた場合は、民法709条をもとに相手に損害賠償を請求し、お金を払ってもらうことができる。

のりちゃんみたいなケースの他にも、「相手に殴られてケガをした」「夫や妻が不倫をして精神的苦痛を受けた」「SNSで誹謗中傷されて評判を落とされた」みたいなケースでも、損害賠償を請求できる。

損害賠償請求の方法は、請求書をつくって相手に郵送するだけ。請求書には、請求する金額・請求の理由・振込先口座を書く。請求する金額は、同じような損害を負ったケースの裁判例を探して参考にするといいよ。

もし請求書を送っても無視されたら、次は裁判を検討するようにしよう。裁判所から送られてきた訴状には、対応してもらえることが多いからね。

ちなみに、相手が訴状を無視して裁判に出てこなかったら、訴えた側の主張が100%認められる。それに、判決には強制力があるから、強制執行の申立てをすれば、相手が支払いを拒んでも財産を差し押さえることができる。

民事裁判は弁護士に依頼しなくても起こせるから、もし違法な行為で損害を受けたら、損害賠償請求することを検討してみよう。

結論

まずは相手に請求書を郵送しよう。

動画版が見られます

要点1

請求書には、請求する金額・請求する理由・振込口座を記載する。

要点2

請求する金額は、同じような損害を負ったケースの裁判例を探そう。

要点3

もし請求書を送っても無視されたら、次は裁判を起こすことを検討しよう。

質問
052

交通事故の慰謝料で損する1番の原因とは？

質問きてた

質問きてた　052　交通事故の慰謝料で損する1番の原因とは？

タケシさん！　ぼくの友達が車に轢かれてしまったんです！

そうなん!?　ケガとか大丈夫なん？

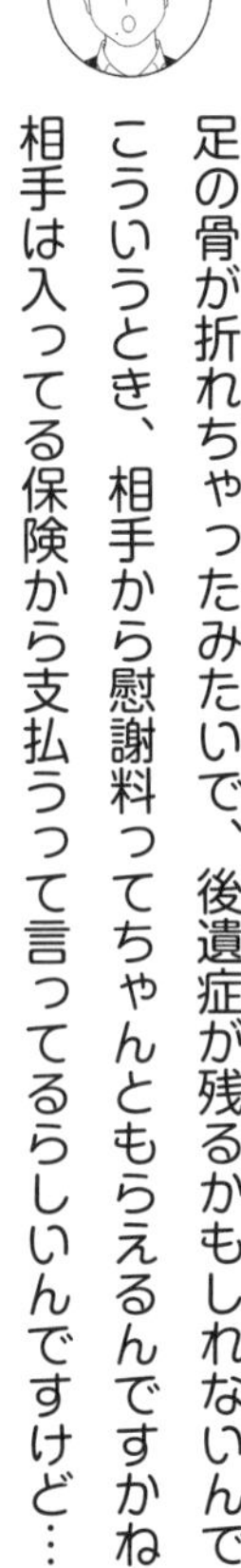

足の骨が折れちゃったみたいで、後遺症が残るかもしれないんです。こういうとき、相手から慰謝料ってちゃんともらえるんですかね？　相手は入ってる保険から支払うって言ってるらしいんですけど……。

保険から支払うって言われても、安心したらあかんで！　交通事故の慰謝料で損する1番の原因を教えるわ！

交通事故の慰謝料で損する1番の原因って、「みんな人が良すぎる」ってこと。

交通事故の慰謝料って、事故の相手が入っている自動車保険の保険会社からもらえるケースがほとんど。このとき、保険会社が言うことを安易に信じすぎて、本来ならもらえるはずの金額より低い金額で示談してしまう人が多い。「業界大手の○○保険さんが言ってくる金額なら、間違いないやろ」と思ってしまうねんな。

実は慰謝料の金額って、いくつかの基準がある。保険会社が使う基準と、裁判所が使う基準では、金額に差があることが多い。

そこで、法律の専門家である弁護士が間に入って交渉したら、保険会社が提示してきた金額が、裁判所が使う基準の金額まで増額されることがある。

実際にアトム法律事務所が受けた事案では、弁護士が保険会社と示談交渉したら、最初に保険会社が提示してきた慰謝料から、2倍から3倍、ケースによっては10倍以上の金額になったこともある。

慰謝料の金額がどこまで増額されるかは事故の内容にもよるから、保険会社と示談する前に、最寄りの弁護士事務所に無料相談してみてな。

結論

1番の原因は、保険会社の提示額を信じてしまうこと。

動画版が見られます

要点1

交通事故の慰謝料は、多くの場合、事故相手が入っている保険会社からもらえる。

要点2

ただし、保険会社が言ってくる金額は、裁判で認められる金額よりも低いことが多い。

要点3

弁護士が間に入って交渉すれば、裁判所が認める金額まで増額できることがある。

交通事故の示談金の増額、アトム法律事務所の実例！

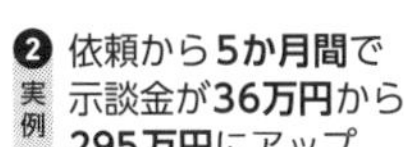

❶実例 依頼から**2か月間**で示談金が**414万円**から**2153万円**にアップ

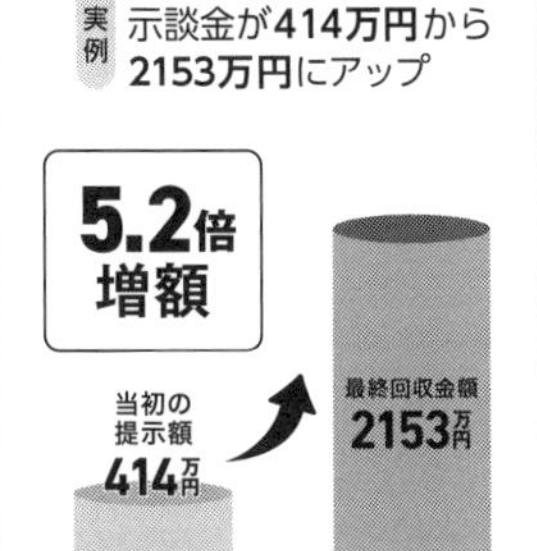

❷実例 依頼から**5か月間**で示談金が**36万円**から**295万円**にアップ

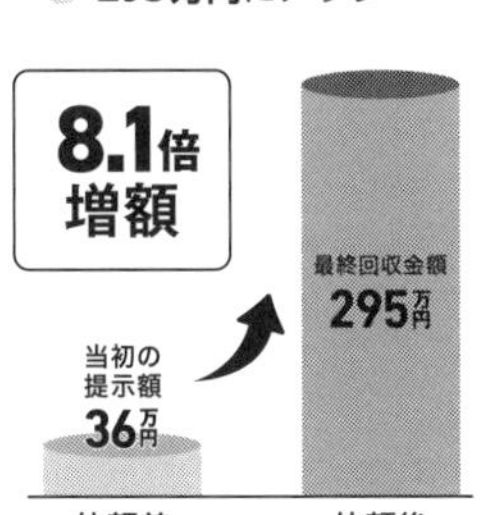

質問
053

事故のあと、今も首が痛く、指もしびれてます。どうしたらいいですか?

質問きてた

質問きてた　053　事故のあと、今も首が痛く、指もしびれてます。どうしたらいいですか？

交通事故に遭うと、よく首が痛くなるって聞いたんですけど……。

ああ、むちうちってやつやね。交通事故の衝撃で首を揺さぶられたら、むちうちを発症することが多いねん。

交通事故に遭って、むちうちになったらどうしたらいいんでしょう？

もし、むちうちになったら、すぐに病院に行くこと！
これ、めっちゃ大切やから、解説していくで！

むちうちって、正確には「頚椎捻挫」や「外傷性頚部症候群」と呼ばれるケガ。事故の衝撃で首が揺さぶられて筋肉や靭帯を痛めた結果、首が痛くなったり、指がしびれたり、めまいや耳鳴りが出たりする。

むちうちになったとき、「ちょっと痛むだけだし、ほっといても治るだろう」と放置する人も多いけど、実はむちうちって後遺症が残ることもある怖いケガ。将来ずっと痛みやしびれが残ることもあるから、できるだけ早く病院に行って治療を受けるのがとても大切になる。

これには、法律的な理由もちゃんとある。

もし、交通事故後すぐに病院に行かず、むちうちで後遺症が残ってしまったら、相手方から「あなたがすぐに病院に行かないで、きちんと治療を受けてこなかったから後遺症が残ったのでは？」と疑われてしまう。そして、「後遺症が残ったのはあなたの責任なので、その分の賠償金は支払いません」と言われ、本来もらえるはずだった後遺症分の賠償金をもらえなくなってしまうこともある。

交通事故の直後に病院に行くのは、治療のためにも、後日の損害賠償についての話し合いのためにも、とても大事なこと。

もし交通事故で首が痛くなったり指がしびれたりしたら、すぐ病院に行ってな！

質問きてた　053　事故のあと、今も首が痛く、指もしびれてます。どうしたらいいですか？

結論

それ、むちうちだから、すぐ病院行って。

動画版が見られます

要点1

むちうちって、事故の衝撃で首が揺さぶられて発症するケガ。

要点2

少し痛いだけだからと放置せず、できるだけ早く病院で検査を受けて治療しよう。

要点3

交通事故の直後に病院に行かないと、相手方に賠償金を請求しても拒否されてしまうことも。

質問
054

自転車事故の賠償金って払わないといけないんですか？

自動車事故で賠償金を払うのってよく聞くんですけど、自転車で事故を起こしたときも、賠償金を払うことってあるんですか？

あるある！　自転車で事故を起こして、4043万円の賠償命令が出たケースがあるで！

ええっ⁉　4043万円もですか⁉

そう。実際どんな事故だったのか、紹介していくわ！

今回紹介するのは、自転車事故を起こした男子高校生側に、4043万円の賠償が命じられたケース。このケースでは、自転車で通学していた男子高校生が、赤信号を無視して交差点に入って、オートバイと衝突。オートバイに乗っていた62歳の男性は転倒して頭を打ち、亡くなってしまった。

その後、亡くなった男性の遺族は、男子高校生に対し賠償金の支払いを求めて裁判を起こした。裁判では、男子高校生の過失が80％、亡くなった男性の過失が20％と認められた。男子高校生は信号無視をしたり安全確認を怠ったりしていたため、自転車であっても過失が大きいと判断されたんやで。

その結果、男子高校生側には、なんと４０４３万円の賠償命令が出された。

自転車事故で何千万円もの賠償命令が出された事例はこれだけではない。他にも、自転車を運転していた小学生が歩行者と事故を起こし、歩行者が植物状態になった結果、小学生側に９５２１万円の賠償命令が出された事例もある。

自転車は便利な乗り物やけど、もし事故を起こしてしまったら、高額な賠償金を支払わなければいけないケースもある。みんな、安全運転を心がけてな！　それと、自転車保険への加入も忘れずに！

結論

払わないといけない。賠償金が数千万円になった事例もある。

動画版が見られます

要点1

たとえば、男子高校生が事故を起こして4043万円の賠償を命じられた事例がある。

要点2

自転車でも、事故で相手に重いケガを負わせると、高額な賠償金を払うことになる。

要点3

自転車に乗るときは安全運転を心がけ、万が一のために自転車保険にも入っておこう。

質問
055

信号のない横断歩道で人と車がぶつかったら、どっちが悪いですか？

質問きてた

質問きてた 055

信号のない横断歩道で人と車がぶつかったら、どっちが悪いですか？

今朝、通勤中に信号のない横断歩道を渡ってたら、車がすごい勢いで走ってきて、ぶつかりそうになったんです！

そりゃ危なかったね。事故にならなくて何よりやわ。

もし事故になってしまっていたら、ぼくと車、どっちが悪いんですかね？

じゃあ、信号のない横断歩道での歩行者と車の事故について解説しよか！

信号のない横断歩道で歩行者と車がぶつかる事故が起きたら、基本的に車が悪いことになる。

道路交通法第38条では、「車は横断歩道に近づいたら、近くに歩行者がいたら徐行しなければいけない。また、歩行者が渡ろうとしていたら横断歩道の前で一時停止しなければならない」と定められている。

もし、信号のない横断歩道で歩行者と車がぶつかったら、車が一時停止のルールを守っていないと考えられるので、基本的に車の方が悪くなる。車側としては「歩行者もちゃんと周りを確認しとけよ！」と思うかもしれないけど、それは車側の一方的な理屈。法律的には通用しない。

ただ、歩行者にも問題があったとされるケースもある。

たとえば、道路を斜めに横断した、車の進路に急に飛び出した、といったケース。これは道路交通法第12条、第13条で禁止されている行為なので、裁判になったら「歩行者側も5％〜15％程度の過失がある」と判断されることが多い。

今朝ののりちゃんの件では、もし事故になっていたら車が悪いことになるやろうね。ただ、歩行者だとしても信号のない横断歩道での急な飛び出しや斜め横断は危ないから、法律厳守で渡るんやで！

質問きてた　055　信号のない横断歩道で人と車がぶつかったら、どっちが悪いですか？

結論

基本的に、車が１００％悪い。

動画版が見られます

要点1

信号のない横断歩道を渡ろうとする歩行者がいたら、車は一時停止する義務がある。

要点2

そのため、もし車と歩行者がぶつかったら、基本的に車が１００％悪いことになる。

要点3

ただし、歩行者が急な飛び出しなどをしていたら、歩行者にも責任があることになる。

条文

道路交通法

第12条（横断の方法）

1項　歩行者等は、道路を横断しようとするときは、横断歩道がある場所の付近においては、その横断歩道によつて道路を横断しなければならない。

2項　歩行者等は、交差点において道路標識等により斜めに道路を横断することができることとされている場合を除き、斜めに道路を横断してはならない。

質問
056

事故で仕事を休んだら、給料はどうなるんですか？

質問きてた

質問きてた　056　事故で仕事を休んだら、給料はどうなるんですか？

働いている人が交通事故の被害にあって入院すると、その間は仕事を休むことになりますよね。

せやな。入院とまでいかなくても、通院のために仕事を休む人もいるやろね。

この休んだ期間にもらえるはずだった給料も、事故の相手側に支払ってもらえるんですか？

支払ってもらえるで！　こんな風に計算して、請求してな！

交通事故で仕事を休み、給料が減ってしまったら、事故の相手側に「休業損害」として賠償してもらうことができる。

賠償してもらえる金額は、基本的に「給料の日額×休業日数」となる。ただ、自己判断で仕事を休んだ日の分は賠償してもらえない可能性が高いから気をつけてな。

会社員だけではなく、自営業やアルバイトをしている学生、それから専業主婦（または主夫）も休業損害を支払ってもらえる。専業主婦は女性の平均賃金をもとに、休業損害を計算することになるね。

休業損害の請求方法（会社員の場合）は、事故相手が保険に入っているなら、まずは「休業損害証明書」の書式を保険会社から取り寄せること。この書類を勤務先に書いてもらって、「事故の前年分の源泉徴収票」を添えて保険会社に送り返せばそれでＯＫ。

ちなみに、休業損害は治療が終わったあとにまとめて請求することもできるし、月ごとに請求することもできる（ケースによっては月ごとの請求ができないこともある）。

交通事故の被害に遭ったら、慰謝料や治療費だけではなく、仕事を休んで給料が減った分の休業損害も請求できる。覚えておいて！

結論

事故の相手側に休業損害として賠償してもらえる。

動画版が見られます

要点1

賠償してもらえる金額は、基本的に「給料の日額×休業日数」。

要点2

会社員だけではなく、自営業、アルバイトの学生、専業主婦も賠償してもらえる。

要点3

請求する場合は、「休業損害証明書」や「源泉徴収票」などを保険会社に提出しよう。

適切な休業損害を受けるための提出物

区分	提出物
給与所得者 アルバイト	休業損害証明書 源泉徴収票
自営業	確定申告書の控え
主婦・主夫	家族の構成票 住民票（場合によって）

質問
057

自動車保険の「弁護士費用特約」は、つけておいた方がいいですか？

質問きてた

質問きてた　057　自動車保険の「弁護士費用特約」は、つけておいた方がいいですか？

自動車保険っていろいろありますよね。

せやな。世の中ではいろいろな保険会社が自動車保険を提供してるね。

保険の中に「弁護士費用特約」ってあるじゃないですか。
あれ、つけておいた方がいいんですか?

おれは弁護士やけどつけてる。なんでか解説していくわ!

弁護士費用特約って、保険会社に弁護士費用を代わりに支払ってもらえるオプション。一般的には、弁護士への相談費用を10万円まで、弁護士に依頼したときの費用を３００万円まで負担してもらえる。

この特約があれば、交通事故の相手とトラブルになったとき、弁護士費用を負担せずに、弁護士に対応をすべて任せることもできる。

弁護士費用特約がとくに威力を発揮するのは、物損事故や、人身事故でも比較的軽傷で通院期間が短めのケース。

こういうケースって、自分のお金で弁護士に依頼した場合、相手からもらえる損害賠償金よりも弁護士費用の方が高くなってしまって、結果的に損してしまうこともある。

けど、弁護士費用特約があれば、保険会社が弁護士費用を支払ってくれるので、基本的に損することはない。

おれも弁護士やけど、自分の交通事故を自分で対応するのは大変やから、保険には弁護士費用特約をつけてる。

いろんな保険会社が自動車保険のオプションとして弁護士費用特約を提供しているから、もし何かあったときのために、つけておくといいかもね。

質問きてた　057　自動車保険の「弁護士費用特約」は、つけておいた方がいいですか？

結論

弁護士費用特約は、つけるのがおすすめ。

動画版が見られます

要点1

弁護士費用特約をつけると、弁護士費用を一定金額まで保険会社に負担してもらえる。

要点2

弁護士費用を自己負担せず、弁護士にトラブル対応を丸投げできるようになる。

要点3

弁護士費用特約があれば、軽傷の人身事故でも費用の心配なく、弁護士に頼める。

06 事故被害

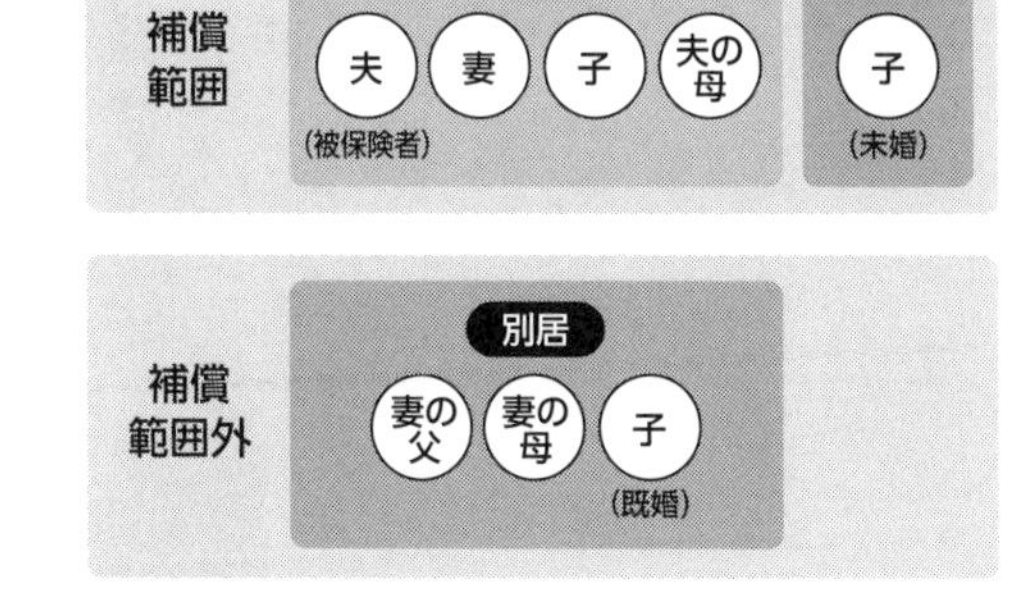

質問
058

自転車で片手運転をしたら犯罪ですか？

質問きてた

質問きてた　058　自転車で片手運転をしたら犯罪ですか？

自転車で片手運転してる人をよく見ますよね。

あ〜、スマホで電話したり傘差したりして片手運転してる人、おるなあ。

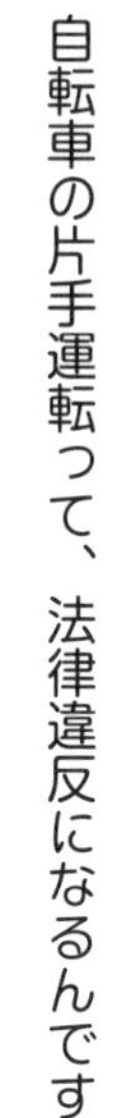

自転車の片手運転って、法律違反になるんですか？

じゃあ、自転車の片手運転は法律違反になるか、解説していくわ！

道路交通法第70条では、「車両等の運転者は、ハンドルやブレーキといった車両の装置を確実に操作しなければいけない」と定められている。

自転車も道路交通法上の車両の一部なので、自転車を片手運転したらハンドルを確実に操作していないと判断され、道路交通法違反になる。罰則は、3か月以下の懲役または5万円以下の罰金（手信号で合図を出す場合を除く）。

また、自転車でながらスマホをしていて片手運転になってる人もいるけど、各都道府県の公安委員会が定める道路交通規則では、自転車のながらスマホが禁止されている。違反したら5万円以下の罰金が科されるで。さらに、自転車の片手運転で事故を起こしてしまったら、民事の賠償責任を負う可能性が出てくる。

実際に裁判になった事例では、ある男性がペットボトルを片手に持ちながら自転車に乗って、スピードを落とさず坂道を下っていたところ、横断歩道を渡っていた女性と衝突。女性は3日後に亡くなってしまったというものがある。

この裁判では、片手運転をしていた男性に100%の過失が認められることになり、約6800万円の損害賠償が命じられることになった。

交通事故の中で、自転車がかかわる事故の割合が増えているデータもある。自転車での片手運転は法律違反になるし事故にもつながるから、絶対にしないように！

結論

自転車の片手運転は、道路交通法違反。

動画版が見られます

要点1

道路交通法では、運転者はハンドルなどを確実に操作しなければならないとされる。

要点2

自転車だとしても、片手運転はハンドルを確実に操作していないと判断され、違法になる。

要点3

さらに、事故を起こしてしまったら、民事の賠償責任を負う可能性がある。

法律トリビア

地面を掘りすぎると犯罪になる!?

地面を掘って、巨大な穴をつくる。これ、実は法律違反になる場所がある。

まず、各都道府県知事が定めた海岸保全区域では、許可なく1.5メートルを超える穴を掘ったらアウト。海岸法41条により、最大で1年の懲役が科される。

次に、誰かの土地では、許可なく穴を掘ること自体がアウト。刑法261条の器物損壊罪になり、3年以下の懲役か30万円以下の罰金か科料が科される。過去には、「観音様のお告げを受けた」として栃木県にある神社の土地を無断で11.3メートルも堀った犯人たちが摘発された例がある。

ちなみに、自分の土地は、海岸法など法令の制限がない限りどれだけ掘っても問題ないで。

ネット

質問
059

ネットでひどい悪口を言うのは犯罪ですか？

質問きてた　059　ネットでひどい悪口を言うのは犯罪ですか？

タケシさん！　これ見てください！

動画のコメント欄で「のりちゃんはバカ」って書かれてたんですよ！

うわっ、ほんまやん。

これ、侮辱ってことで犯罪になりますか⁉

もちろんネットの書き込みでも侮辱罪になるで！　解説していくわ！

ネットで誰かを侮辱するようなことを書いたら、刑法２３１条の侮辱罪になる可能性がある。

侮辱罪は２０２２年（令和４年）に厳罰化された。それまでの侮辱罪の刑罰は拘留か科料しかなかったけど、今後は１年以下の懲役・禁錮または30万円以下の罰金も科されることになった。

また、厳罰化にともなって、誹謗中傷をした人が在宅捜査ではなく逮捕される可能性も高くなった。時効も1年から3年になったので、警察も時間をかけてしっかり捜査できるようになる。

さらに、厳罰化にともなって、主犯だけでなく共犯も処罰される可能性が高まった。たとえば、「誰かを侮辱する書き込みするからスマホ貸して！」と言われて貸した、みたいなケースでは、スマホを貸した共犯者も捜査されて処罰を受ける可能性がある。

この侮辱罪の厳罰化って、ネットでの誹謗中傷が社会問題になっていることを受けて行われたもの。

今回のりちゃんが見つけたコメントみたいに、いろんな人から見える形で誰かをおとしめるような書き込みを続けたら、侮辱罪になる可能性があるで。ネットでの投稿は気軽にできるけど、内容によっては犯罪になることもあるから、十分に気をつけてや！

結論

犯罪になる。最近、刑罰が厳しくなった。

動画版が見られます

要点1

ネットでひどい悪口を言ったら、侮辱罪になる可能性がある。

要点2

侮辱罪は2022年に厳罰化され、懲役刑も科されるようになった。

要点3

ネットで気軽に投稿できるからといって、悪口を書くと犯罪になることもあるからやめよう！

2022年7月刑法改正による侮辱罪の厳罰化

改正	主な法定刑
前	拘留（1日以上30日未満） または科料（1千円以上1万円未満）
後	1年以下の懲役・禁錮 または30万円以下の罰金

質問
060

暴露系ユーチューバーって、名誉毀損に当たらないんですか？

有名人の裏の顔を暴露する、暴露系ユーチューバーっているじゃないですか。

せやね。よく世間を騒がせてるねえ。

こういうのって、名誉毀損にならないんですか？

法律的には、要件を満たさないと名誉毀損になるで！

暴露系ユーチューバーの動画が名誉毀損になるかどうかは、内容や目的による。

ユーチューブ上での暴露や告発が法律上セーフになるのは、次の3つの要件をすべて満たす場合に限る。

①動画の内容が、社会や国民の正当な関心ごとであること（公共性）
②動画の目的が、おもに公益を図るものであること（公益性）

③動画の内容が、真実または確実な資料に基づくこと（真実性）

たとえば、暴露系ユーチューバーが芸能人の不倫を暴露したとする。これはプライベートに踏み込みすぎな感じがあるので①の公共性を欠くと判断され、アウトになる可能性が高い。

また、他のユーチューバーのやらせを暴露した場合は、そのユーチューバーへの嫌がらせとか報復の意味が強いのであれば、②の公益性を欠くと判断されて、アウトになるやろうね。

もし、３つの要件をすべて満たしていない場合、動画で暴露や告発をされた相手が警察に訴えたら、名誉毀損罪で3年以下の懲役・禁錮または50万円以下の罰金が科される可能性がある。

実際に暴露系ユーチューバーが名誉毀損で逮捕された事例もある。投稿する動画の内容は法律厳守で考えてほしいね。

結論

次の3つの要件を満たしていないと名誉毀損になる。

動画版が見られます

要点1

要点①公共性。動画の内容が社会や国民の正当な関心ごとであること。

要点2

要点②公益性。動画の目的がおもに公益を図るものであること。

要点3

要点③真実性。動画の内容が真実または確実な資料にもとづくこと。

質問
061

Vチューバーへの誹謗中傷も違法ですか？

質問きてた

最近、Vチューバーの動画をよく見てるんですよ〜。

Vチューバーって、キャラクターのアバターを使って配信する人のことやんね？

はい！　けど、Vチューバーの配信でも誹謗中傷のコメントをする人がいるんです。これって違法になるんですか？

違法になるで！　実際に裁判になったケースもあるから、解説していこか。

Vチューバーって、架空のキャラクターのアバターを使って配信しているユーチューバーのこと。

Vチューバーが誹謗中傷を受けた場合、「誹謗中傷されたのがアバターか、アバターの中の人か」という問題が出てくる。実際の事例では、ある女性Vチューバーに対して匿名掲示板で「仕方ねぇよバカ女なんだから」「母親がいないせいで精神が未熟なんだろ」と誹謗中傷の書き込みがされたことを受け、女性Vチューバー側がこの書き込みをした人を特定するために、裁判を起こしたケースがある。

裁判では、「アバターの言動は、中の人の個性を生かし、中の人の体験や経験を反映したもの」とされ、「侮辱は表面的にはアバターに向けたものだとしても、実質的には中の人に向けられたものだ」と認められた。その結果、誹謗中傷の書き込みをした人の個人情報の開示が命じられてん。

このように、Vチューバーに対する誹謗中傷であっても、内容によっては中の人の名誉感情を侵害したと認められ、損害賠償を請求されることもある。

「相手はVチューバーだから」と思って誹謗中傷したとしても、実際は中の人に向けられていると判断されることもある。誹謗中傷は絶対にしないように！

結論

Vチューバーへの誹謗中傷も違法になる場合がある。

動画版が見られます

要点1

Vチューバーへの誹謗中傷は「対象がアバターか、中の人か」という争点がある。

要点2

表面的にはアバターへの誹謗中傷でも、実質的には中の人への誹謗中傷とされた事例も。

要点3

中の人への誹謗中傷と認められたら、損害賠償を請求されることもある。

質問
062

ネットで悪い噂を書かれたとき、消す方法はありますか?

質問きてた

タケシさん、今度はネットの掲示板にぼくの悪い噂が書かれていました！

自分、何か悪いことしたん？

してるわけないじゃないですか！　ぜんぶ嘘の噂ですよ！
こういうひどい書き込みって、消してもらうことはできないんですか？

消してもらう方法はいくつかあるで！　解説していくわ！

ネットの掲示板やＳＮＳなどで誹謗中傷されたら、まずはそのサイトの削除請求フォームから削除を依頼してみよう。それぞれの掲示板やＳＮＳのルールに違反する書き込みは、依頼したら消してもらえる可能性が高い。

それでも消してもらえない場合は、「発信者情報開示請求」っていう手続きをして、書き込みをした人の氏名・住所・メールアドレスなどの情報を知り、損害賠償請求をする方法もある。

発信者情報開示請求や損害賠償請求の手続き自体では、書き込みを削除することはできないけど、一連の手続きの中で相手に書き込みを消すよう依頼することもできるで。

ちなみに、これらの手続きを弁護士に依頼するのも効果的。

自分でフォームから削除請求しても効果がない場合でも、法律の専門家である弁護士が削除請求すれば、管理者に応じてもらえる可能性が高い。

また、発信者情報開示請求や損害賠償請求も、手続きが難しいこともあるので、弁護士に任せるとスムーズに手続きが進む。

ネットの問題を取り扱っている弁護士に依頼すれば、いろいろなアドバイスももらえるから、困ってる人は一度相談するのもいいかもね。

結論

まずはそのサイトの削除フォームから申請してみよう。

動画版が見られます

要点1

サイトのルールに違反している書き込みは、消してもらえる可能性がある。

要点2

それでも消してもらえないなら、発信者情報開示請求を行うことを検討しよう。

要点3

ネット問題を取り扱っている弁護士に依頼すると、スムーズに消してもらえることもある。

質問
063
ネット通販での
詐欺サイトの
見分け方を教えて！
質問きてた

この間、ゲーム機がめっちゃ安く買えるネットショップを見つけたんですよ！

ゲーム機が安く買える？　のりちゃん、そのネットショップ見せて。

これです！　全部90％オフで送料無料！　最高です!!

あかん　あかん　あかん！　のりちゃん、これ、詐欺サイトかもしれんで！
騙されてる可能性もあるから、詐欺サイトの特徴を教えるわ！

詐欺サイトって、普通のネットショップと見せかけて、実は購入しても商品が届かなかったり、偽物の商品が届いたりする悪質なサイトのこと。その特徴を４つ紹介するから、確認してみて！

① 商品が安すぎる

定価の90％オフみたいに、極端に値引きされているケースには要注意！

②支払い方法が銀行振り込みだけ

クレジットカードが使えなかったり、口座名義が会社ではなく個人名だったりするケース。あとは、「購入後に振込先を教えます」と言われることもある。

③販売業者の情報がおかしい

購入前に、販売業者の情報も確認しよう。住所が番地まで記載されていなかったり、連絡先がメールアドレスのみで電話番号がなかったりする場合は気をつけて！

④URLが不自然

アドレスバーの左に鍵マークがついていなかったり、アドレスが「.xyz」「.top」みたいな見慣れないもので終わっていたりするサイトは危ないで！

詐欺サイトって、検索エンジンやSNSの広告に表示されることもあるから、思わず信用してしまうことも多い。購入前に不自然な点はないかよくチェックして！

結論

値段、支払い方法、販売業者の情報を確認しよう。

動画版が見られます

要点1

ポイント①値段。商品が90％オフなど、不自然に安すぎないか。

要点2

ポイント②支払い方法。銀行振込のみや、支払先が個人名ではないか。

要点3

ポイント③販売業者の情報。住所が番地まで記載されていなかったり、URLが不自然だったりしないか。

質問
064

「ママ活でお金を稼ぎませんか？」ってDMが来ました。これって本当に稼げるんですか？

質問きてた

質問きてた　064　「ママ活でお金を稼ぎませんか？」ってDMが来ました。これって本当に稼げるんですか？

タケシさん！　ぼくに「ママ活で稼ぎませんか？」ってDM来てました！

ママ活？　怪しいな〜。

でも、楽にお金を稼げるらしいんですよ！　やってみたいな〜！

あかん あかん あかん！　そういうDMを信じたら危ないで！

SNSで「ママ活やパパ活でお金を稼ぎませんか？」というDMが来ることがある。こういうDMは、絶対に信じてはだめ。詐欺にあう可能性が非常に高い。

こういうDMって、返信するとLINEなどのメッセージをやり取りするアプリに誘導されて、「ママ活やパパ活の相手を紹介するので紹介料を支払ってください」などとお金を払うことを要求されるケースが多い。

相手側から「紹介料を支払ったあと、ママ活やパパ活の相手からもっとたくさんのお金をもらえる」と言われることも多いけど、こういうケースでは結局ママ活の相手とは会えず、紹介料だけ支払わされて、あとは音信不通になることがほとんどやねん。

他にも、悪質な出会い系サイトに誘導されたり、怪しいビジネスに誘われたりすることもある。

SNSって、今回のりちゃんに届いた「ママ活やパパ活で稼ぎませんか？」みたいなDMだけではなく、「1日10分で○万円稼げます」みたいな闇バイトを募集するDMや、「○万円が当選しました」みたいなお金配りを装ったDMなど、いろいろな怪しいDMが届くことがある。

そんなDMが届いても、返信せずに放置すること！　のりちゃんもそのDMすぐ消して、送ってきた相手をブロックしいや！

質問きてた　064　「ママ活でお金を稼ぎませんか？」ってDMが来ました。
これって本当に稼げるんですか？

結論

稼げない。それどころか詐欺にあう可能性が高い。

動画版が見られます

要点1

DMに返信してしまうと、逆にお金の振り込みを要求される。

要点2

また、悪質な出会い系サイトに誘導されたり、怪しいビジネスに誘われたりすることもある。

要点3

他にも、闇バイト募集のDMや、お金配りを装ったDMなどが来たら絶対に無視すること！

法律トリビア

牛乳が瓶で売られてるのは法律で決まっているって本当!?

学校の給食で出てくる牛乳って、瓶や紙パックに入っていることが多いよね。これ、実は法律で決められてるって知ってた?

牛乳の容器を決めてるのは、食品衛生法に基づいた「乳及び乳製品の成分規格等に関する省令」。この省令では、牛乳は瓶、紙パック、牛乳専用のペットボトルに入れた状態じゃないと売ってはいけないと決められている。ちなみに、牛乳専用のペットボトルが許可されるようになったのは2007年(平成19年)から。

なんでこんな法律になっているかと言うと、牛乳は栄養価が高くて傷みやすいから。瓶や紙パックに入れた状態だと持ち運びに不便なので、飲みかけの牛乳を持ち歩かない。そのため、傷んだ牛乳を飲むこともないと考えられてるんやね。

裁判

質問
065

裁判中に、裁判官がうんちをしたくなったらどうなりますか？

質問きてた

質問きてた　065　裁判中に、裁判官がうんちをしたくなったらどうなりますか？

裁判長って、裁判中にうんちしたくなることはあるんですか？

そら、裁判長だって人間やから、あるかもしれんな。

もし、うんちが漏れそうなぐらいになったら、どうなっちゃうんですか？

たぶん、こんな感じで、法律を使って解決するんちゃうかな〜。

裁判長が裁判中にうんちを漏らしそうになったら、使う法律は刑事裁判なら刑事訴訟法294条、民事裁判なら民事訴訟法148条ちゃうかな。

これらの法律では、「裁判は裁判長が指揮する」と定められている。裁判長は裁判を指揮する者として、必要であれば休憩を入れることもできる。

たとえば、裁判長が「わ〜、めっちゃうんちしたくなってきた……。でも目の前では弁護士と検察官が白熱して喧嘩してるしな。てか被告人がジッとおれのこと見てるけど、君もうんちしたいんか？」みたいな状態になった場合。

こんなときは、法律を使って「検察官、弁護人。このあたりで休憩を取りましょう。10分後に再開します」と言って、トイレにダッシュして用を足す、という感じになると思うな。

裁判長って、裁判所法71条で「法廷の秩序維持を行う」って定められている。もし裁判長が法廷でうんちを漏らしたら、法廷の秩序も自分のお尻の秩序も崩壊してしまう。そんなことをするわけにはいかないからね。

ちなみに、弁護士が裁判中にうんちしたくなったら……。うーん、裁判官に「うんちしたいです！」ってめっちゃアピールして、休憩にしてもらうことになるんちゃうかな。

結論

法律を使って解決する。

動画版が見られます

要点1

刑事訴訟法や民事訴訟法では、裁判長が指揮すると定められている。

要点2

裁判長は、裁判を指揮する者として、必要であれば休憩を入れることもできる。

要点3

よって、法律を使って休憩を入れ、トイレにダッシュすることになると思う。

質問
066

裁判の見学みたいなのって、簡単に行けるんですか？

質問きてた

質問きてた　066　裁判の見学みたいなのって、簡単に行けるんですか？

裁判の見学みたいなのって、普通の人でもできるんですか？

できるできる！　それ、裁判の傍聴って言うねんけど、基本的に誰でもできるねんで！

そうなんですね！　気軽に行ってもいいものなんですか？

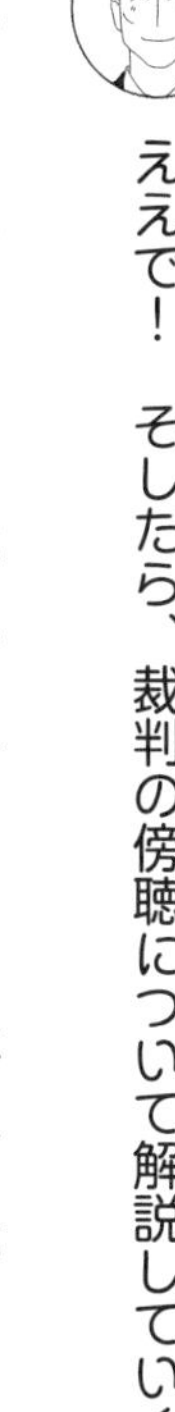

ええで！　そしたら、裁判の傍聴について解説していくわ！

裁判を傍聴するには、裁判所に行って、それぞれの裁判をしている法廷に「傍聴人入口」のドアから入るだけでいい。事前の申込みなどの手続きは必要ない。

裁判所ではいろんな裁判をしてるんやけど、どれを傍聴するかは自分で選べる。

ドラマみたいな裁判を傍聴したかったら、刑事裁判を選ぶといいかもね。刑事裁判であれば、手錠をつけた被告人や、検察官と弁護士が言い争うシーンが見られる可能性が高く、ドラマの裁判に近いと感じると思う。一方で、民事事件の裁判は書類のやり取りが中心になるので、ちょっと物足りなく感じるかもしれんな。

ちなみに、傍聴する事件を選ぶときは、裁判所の受付に置いてある「開廷表」を見よう。開廷表とは、その日にやる裁判の一覧表のこと。事件の種類や開始時間、法廷番号が書かれているからチェックしておくといいよ。

なお、有名な事件は傍聴希望者が多いので、裁判の当日に裁判所の入口で配られる「傍聴券」を手に入れて、抽選に当たらないと傍聴できない。もし有名な事件を傍聴したいときは覚えといてな。

裁判の傍聴って、国民の目で裁判官をしっかりと監視するためにできたもの。みんなも興味あったら1度傍聴に行ってみて!

結論

裁判の傍聴は誰でも簡単に行ける。

動画版が見られます

要点1

裁判を傍聴する方法は、裁判所に行って「傍聴人入口」のドアから法廷に入るだけ。

要点2

どんな裁判を傍聴するかも選べる。裁判所の受付にある「開廷表」をチェックしよう。

要点3

ドラマみたいな裁判を傍聴したかったら、刑事裁判を選ぶといいかも。

質問
067

裁判中に言ってはいけない言葉ってありますか？

質問きてた

質問きてた　067　裁判中に言ってはいけない言葉ってありますか？

裁判中のルールって、いろいろありそうですね。

せやね。裁判所法とかの法律で決められてるルールもあるで。

そしたら、裁判中に言ってはいけない言葉もあるんですか？

あるで！　裁判中に言ってはいけない言葉の実例を紹介しよか！

裁判中に言ってはいけない言葉って、法廷の秩序を乱すような言葉。もしそんな言葉を言ったら、裁判所法で「法廷の秩序を維持する役目がある」と定められている裁判長から、退廷を命じられることもある。

実際に退廷を命じられた3つのケースを紹介していこう。

1つ目のケースは、「裁判長は嘘つきであります！」「こんな裁判ってあるかよ」という言葉。

これは、被告人が裁判中に納得のいかないことがあって、裁判長に対してした発言。この被告人には退廷が命じられた。

2つ目のケースは、「じゃあ殺せよ！」という言葉。これは、被告人が裁判に出廷していた被害者に対してした発言。この被告人にも退廷が命じられている。

3つ目のケースは、傍聴席からの「ナンセンス！」「検事、ふざけるな！」というヤジ。このような発言をした傍聴人が退廷を命じられたケースもある。

裁判では法廷の秩序を乱すような言葉を言ってはいけない。被告人は、裁判に対する不満があるなら、法律にしたがって異議を出したり、書面で主張したりすべきだし、傍聴人は静かに裁判を見守らなければいけない。ちなみに、裁判を傍聴するときのマナーは他にもあって、写真撮影や録音は禁止、飲食は禁止、厳粛な裁判を妨げないように落ち着いた服装が望ましいといった感じ。裁判中はこんな感じのルールを守らなあかんねんで。

結論

法廷の秩序を乱すような言葉は言ってはいけない。

動画版が見られます

要点1

たとえば、被告人が「裁判長は嘘つき」「こんな裁判ってあるかよ」と言うなど。

要点2

また、傍聴人が「ナンセンス！」「検事、ふざけるな！」などのヤジを飛ばすのもアウト。

要点3

このように法廷の秩序を乱すような言葉を言ったら、退廷を命じられる場合がある。

裁判中の暴言で退廷を命じられた実例

被告人 → 裁判長
裁判長は嘘つきであります！

被告人 → 被害者
じゃあ殺せよ！

傍聴人 → 法廷全体
ナンセンス！

傍聴人 → 検察官
検事、ふざけるな！

質問
068

裁判官にまつわるヤバい話ってありますか?

質問きてた

裁判官って、真面目で犯罪なんて絶対しないみたいなイメージありますよね。

そう思うやろ？　実は、裁判官にまつわるヤバい話もあるねん。

えっ⁉　ヤバい話って、何ですか⁉

これ、長崎県で本当にあった話なんやけどな……。

今回紹介するのは、長崎県のある裁判所に赴任してきた裁判官・辻村庫太（つじむらくらた）の話。

辻村は、裁判所の事務員として入所したあと、判事登用試験に合格。裁判官まで昇進したという、叩き上げの優秀な人物だった。

ところが、赴任から数年後、辻村は突如として警察に身柄を拘束されることに。

実はこの辻村裁判官、横領で終身刑を言い渡されていた脱獄犯だった。

辻村庫太という名前は偽名で、本当の名前は渡邊魁(わたなべかい)。渡邊は以前勤めていた会社でお金を横領して逮捕され、終身刑を言い渡されていた。

しかし刑務所に収監後、看守の目を盗んで脱走。父親と役所に出向き、戦争孤児などを理由に辻村庫太という名前で戸籍を新たに作成していた。

その後、犯罪をした経歴を隠すなら逆に裁判官になるべきだと思い、猛勉強をして裁判官まで昇り詰めたという。

逮捕のきっかけは、裁判所内で辻村裁判官と渡邊が似ているという噂が立ったことや、辻村裁判官と渡邊の父親が同居しているという不審な点があったこと。これらの理由から、警察が秘密裏に捜査を進めて、最終的に逮捕に至った。

これ、明治時代に本当にあった、裁判官のヤバい話。

結論

ある。辻村庫太という裁判官のヤバい話。

動画版が見られます

要点1

辻村は、叩き上げの優秀な裁判官だった。

要点2

しかし実は、終身刑を言い渡されていた脱獄犯だった。

要点3

辻村はその後、警察に不審に思われて捜査され、最終的に逮捕された。

質問
069

刑事裁判の有罪率が99・9%って、本当ですか？

質問きてた　069　刑事裁判の有罪率が99.9%って、本当ですか？

日本の刑事裁判は、有罪率が99・9%ってよく言われますよね。

ああ、ドラマのタイトルにもなってたね。

これって実際、本当のことなんですか？

結論から言うと、本当。詳しく解説していくで！

法務省が出している犯罪白書っていう資料によると、2021年（令和3年）には21万3315件の確定裁判があったんやけど、そのうち無罪になったのは94件だけ。

だから、本当に日本の刑事裁判の有罪率は99・9%になってる。

この数字を見ると、「日本の刑事裁判ってちょっとおかしいんちゃう？」と疑問に思うかもしれないけど、実は理由がある。

そもそも刑事裁判が開かれるまでの流れは、まず警察が事件を捜査して、検察に事件の証拠を引き継ぐ。その後、検察がさらに捜査を続けて、事件を起訴するか、不起訴にするか決めるという形になっている。

日本の検察官が事件を起訴するのは、証拠が十分にあり有罪が確実に見込まれる事件に限られる。そのため、刑事裁判の有罪率はとても高くなる。一方、証拠が不十分な事件は不起訴になることが多い。

ちなみに海外には、有罪か無罪か判断が微妙な場合、ひとまず検察官が事件を起訴して裁判に判断をゆだねる国がある。こういう国では無罪判決の確率が高くなるので、有罪率は低くなる。たとえば、インドの有罪率は約57%、南アフリカの有罪率は約65%となっている。

日本の刑事裁判は有罪率がとても高いけど、その一方で、検察官の判断で不起訴になってるケースも多い。99・9%っていう数字にはこんな背景があるねんで。

結論

有罪率が99・9％というのは本当。

動画版が見られます

要点1

日本では起訴されるのは証拠が十分ある事件が中心なので、有罪率99・9％になる。

要点2

実際に、２０２１年（令和３年）の確定裁判は約21万件で、そのうち無罪になったのはたったの94件。

要点3

ただ、有罪率99・9％の裏には、不起訴で終わっている事件も多くある。

世界各国の有罪率

国	有罪率
日本	約99.9％
アメリカ	約99.6％
韓国	約99.5％
ドイツ	約96.0％
イタリア	約79.3％

出所：法務省「諸外国の刑事司法制度」

質問
070

裁判で「異議あり！」って本当に言うんですか？

質問きてた

ゲームの逆転裁判で、弁護士が「異議あり！」って言うじゃないですか。

あ〜、成歩堂（なるほどう）くんが決め台詞みたいに言ってるね。

あの「異議あり！」ってセリフ、実際の裁判でも言うんですか？

まあ、ゲームみたいな感じではほとんど言わへんかなあ。なんでか解説していこか！

ゲームの逆転裁判でよくあるのって、たとえば、裁判の最中に証人が嘘をついたら成歩堂くんが「異議あり！」と言って、証言の矛盾を指摘したり、新しい証拠を見せたりする、みたいな場面。

実は、こういう感じで、証人の嘘を指摘して「異議あり！」と言うような場面は、実際の裁判ではほとんどない。

もし、証人が嘘をついていても、そのまま泳がせといて、あとで自分が質問する番になったときや、裁判所に提出する書類の中などで証人の嘘を指摘するのが一般的。その場で「異議あり！」と発言を遮るようなことはない。

ただ、実際の裁判で弁護士が「異議あり！」という場面自体はある。それは、検察官や相手方の弁護士が、証人尋問で証人に対して誘導をするといったルール違反をしたとき。

たとえば、殺人事件の裁判で、証人がまだ何も言っていない段階で、「あなたは午後7時頃、公園のベンチに座っていて、被告人と被害者がもめているのを見たんですね？」みたいに、検察官の思いどおりに誘導するような質問をしたとき。これはルール違反なので、弁護士は「異議あり！　誘導尋問です！」とその場で異議を出すことになる。

成歩堂くんの「異議あり！」はかっこいいけど、実際の弁護士がゲームみたいな感じで「異議あり！」って言うことはほとんどないで。

結論

ゲームみたいな感じで「異議あり！」とはほとんど言わない。

要点1

実際の裁判では、ゲームみたいに証人の嘘を指摘して「異議あり！」と言うことはない。

要点2

もし、証人が嘘をついても、その場で「異議あり！」とは言わない。あとから指摘する。

要点3

ただ、誘導尋問などのルール違反があったら「異議あり！」と言うことはある。

異議あり!!

質問
071

最高裁判所の裁判官って偉いんですか？

質問きてた 071 最高裁判所の裁判官って偉いんですか？

タケシさん、裁判所の中でも1番すごい裁判所ってどこですか？

そら、最高裁判所やで。

じゃあ、その1番すごい最高裁判所に勤めてる裁判官って偉いんですか？

日本の司法機関のトップに勤めてるから偉いで！　説明していこか。

最高裁判所って、日本の司法機関のトップ。地方裁判所を経て高等裁判所が出した判決をひっくり返して最終判断を下すことができるし、日本の未来にかかわる重要な問題について判断することも多い。

また、最高裁判所は通称「憲法の番人」と呼ばれている。憲法って、法律よりも上のもので、政府などの権力者から国民の権利や自由を守るための法。最高裁判所は法律などが憲法に違反していないか判断もしてるねん。これってとても重要なこと。

そんな最高裁判所には15人の裁判官がいて、裁判官、弁護士、法学者などの法律関係者のトップ中のトップが選ばれている。

しかも、最高裁判所の裁判官の給料は、国家公務員の中でも最高クラス。さらに、この15人をまとめる最高裁判所長官になると、なんと総理大臣クラスの給料になる。

ただ、最高裁判所の裁判官にも、政府の言いなりになったり、人権を軽んじる判断をしたりする人が混じっている可能性もある。そんなときは、最高裁判所の裁判官よりももっと偉い人が出てくる。それは、国民。

日本は国民主権の国だから、国の中で1番偉いのは国民の意思。ふさわしくないと思う裁判官がいたら、国民審査という投票でクビにすることができる。国民審査は衆議院選挙のときに一緒に行われるから、みんなも裁判官がどんな判断をしたか確認して、投票するんやで！

結論

最高裁判所の裁判官は、偉い。

動画版が見られます

要点1

最高裁判所の裁判官は裁判官・弁護士・法学者などの法律関係者のトップが選ばれる。

要点2

給料は国家公務員の中でも最高クラスで、長官はなんと総理大臣クラス。

要点3

けど、最高裁判所の裁判官に問題があるなら、国民が投票でクビにすることもできる。

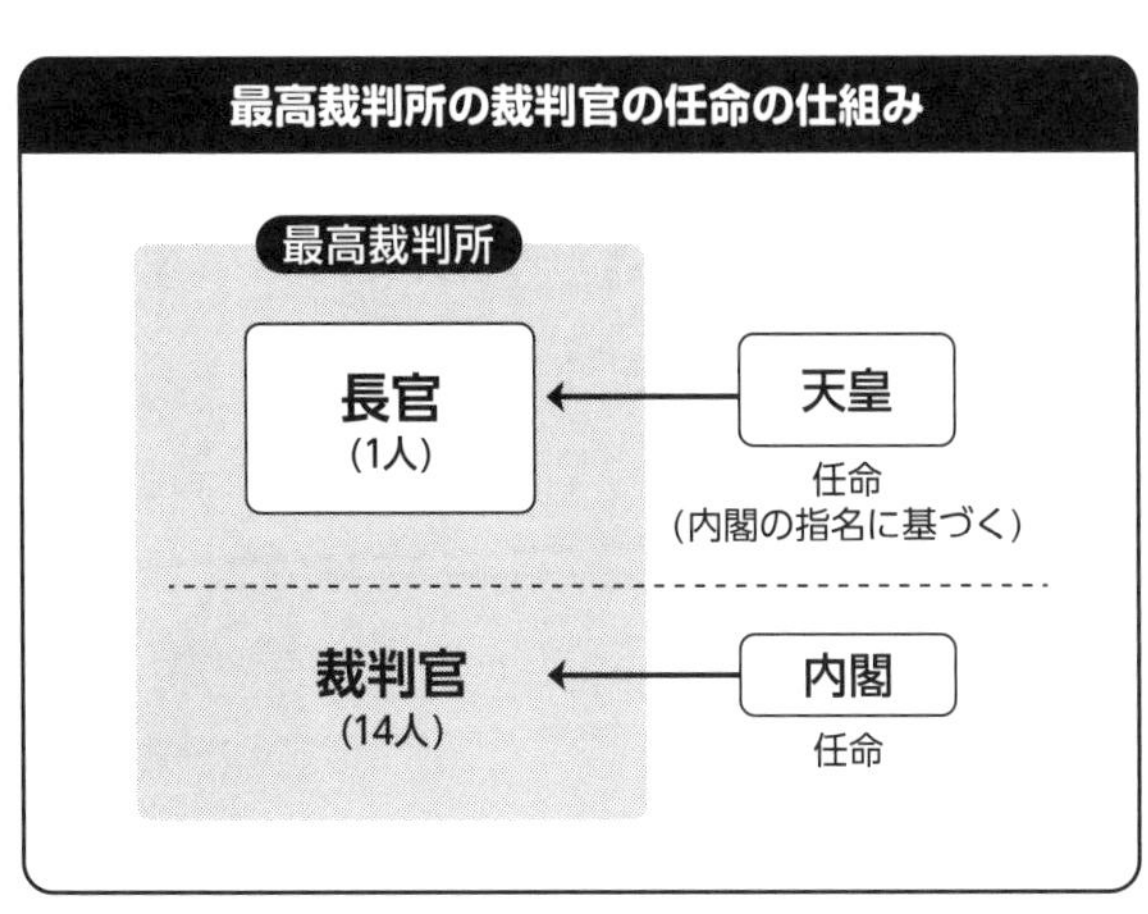

質問
072

裁判中に本人が死んだら、裁判はどうなりますか？

質問きてた

072　裁判中に本人が死んだら、裁判はどうなりますか？

裁判って、めちゃくちゃ長引くこともありますよね。

せやなあ。数年かかることもあるしな。

そしたら、もし裁判の結果が出る前に、裁判を起こした人や訴えられた人が死んだらどうなるんでしょう?

民事裁判と刑事裁判とで違ってくるから、分けて解説していこか!

まず、民事裁判の場合。裁判を起こした人や訴えられた人が亡くなったら、相続人が裁判を引き継ぐことができる。

「貸してたお金を返せ」みたいな相続できる内容を争っていたなら、相続人が引き継いで裁判を続けることができる。ただ、相続人が全員相続放棄したような場合は、裁判がそこで終了することもある。また、「離婚するかどうか」みたいな相続できない内容を争っていた場合もそこで終了やね。

次に、刑事裁判の場合。検察に訴えられた被告人が裁判中に亡くなったときは、相続人は裁判を引き継ぐことができない。

たとえば、自分の親が知らないところで犯罪をして刑事裁判を受けていて、その途中で亡くなった場合を想像してみて。もし刑事裁判を相続人が引き継ぐことになるなら、子どもである自分が親の代わりに有罪判決を受けて、刑務所に入れられたり死刑にされたりする。これってめちゃくちゃ理不尽やん。

だから、刑事裁判は、訴えられた被告人が亡くなったらそこで裁判は終了。被害者の人には酷やけど、現代日本は個人責任が原則となってる。

こんな感じで、民事裁判なら相続人が裁判を引き継げるけど、刑事裁判なら引き継げない。民事裁判と刑事裁判、こんな違いがあることも覚えといて！

結論

民事裁判は引き継げる。刑事裁判は引き継げない。

動画版が見られます

要点1

民事裁判は、相続できる内容なら相続人が引き継いで裁判を続けることができる。

要点2

ただ、相続人が全員相続放棄した場合、相続できない内容を争っていた場合は裁判終了。

要点3

刑事裁判は、日本は個人責任が原則のため、相続人が裁判を引き継ぐことはできない。

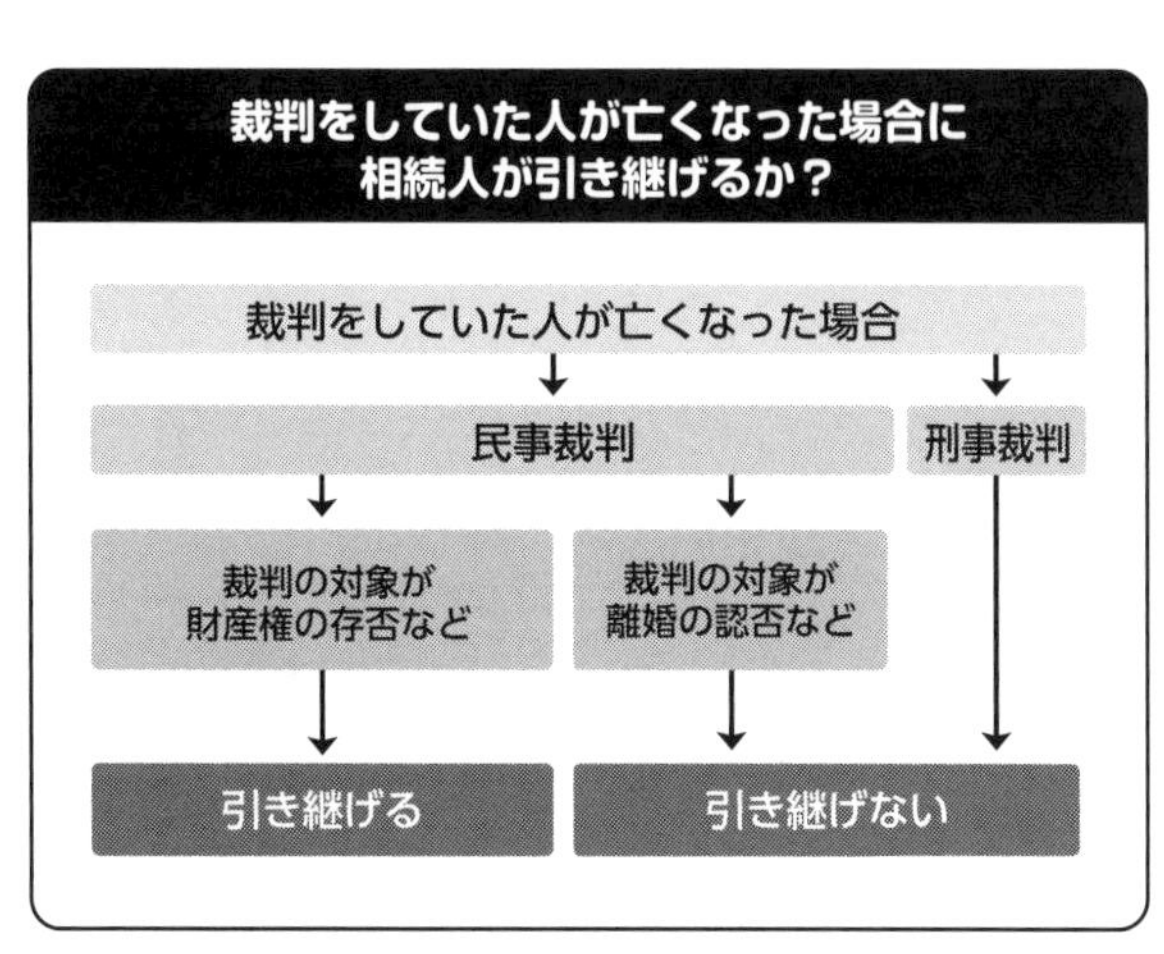

質問
073

逆転裁判って、実際の裁判と同じ感じなんですか？

質問きてた

ゲームの「逆転裁判」って、面白いですよね〜!!

わかるわ〜。けど、弁護士から見たら実際の裁判と少し違うところもあるねん。

ええっ!?　どういうところが違うんですか？

じゃあ、おれがとくに気になった違いを3つあげてこか！

① 木槌

逆転裁判では、裁判官が「静粛に」と注意するときなどにカンカンと木槌を叩いている。この木槌の名前はガベルって言うねんけど、実は日本の裁判では使われていない。

ガベルって、もともとはアメリカなど一部の国の裁判で使われているもの。映画やドラマで裁判官が使う道具ってイメージが広まったから、ゲームでも使われるようになったんやと思う。

②傍聴席の位置

逆転裁判では、傍聴席が検察官や弁護人の後ろに設置されているシーンがあるけど、実際の裁判では、検察官や弁護人の後ろにあるのは壁。傍聴席は、裁判官の向かい側に設置されている。

③飲食

逆転裁判では、裁判中に堂々とコーヒーを飲んでいる検事が出てくる。もし、あんなにがぶがぶコーヒーを飲んでたら、裁判長に注意されると思うで。それでも飲もうとしたら、退廷を命じられる可能性もあるやろな。実際の裁判で、勝手に飲み物を持ち込んで裁判長に注意されたケースもある。

こんな風に、逆転裁判の裁判と実際の裁判では、いろいろな違いがある。けど、逆転裁判は面白いから、無罪！　実際の裁判所に行って、逆転裁判との違いを比べてみるのも勉強になるんとちゃうかな。

結論

逆転裁判は、実際の裁判と違うところもある。

動画版が見られます

要点1

①木槌。裁判官がカンカンと叩く木槌は、日本の裁判では使われていない。

要点2

②傍聴席の位置。実際の裁判では、傍聴席は裁判官の向かい側にある。

要点3

③飲食。裁判中にコーヒーをがぶがぶ飲んだら、退廷を命じられる可能性がある。

質問
074

逆転裁判の「サイバンチョ」って、月給いくらかわかりますか?

質問きてた

質問きてた　074　逆転裁判の「サイバンチョ」って、月給いくらかわかりますか？

逆転裁判に登場する裁判長のサイバンチョってキャラがいるじゃないですか。

ああ、おるな〜。あの白いヒゲで頭つるつるの人やね。

そうです そうです！　このサイバンチョが、どれくらいの月給をもらってるかわかったりしますか？

わかるで！　裁判官の給料額って法律で決まってるから、調べてみよか。

裁判官の月給って、「裁判官の報酬等に関する法律」で、判事○号みたいな裁判官の区分ごとに具体的な金額が定められている。そのため、サイバンチョの区分がわかれば、月給もわかることになる。

サイバンチョの区分をゲーム内の描写から推測してみよう。サイバンチョって、短く見積もっても裁判官として27年は勤めており、裁判長としては16年のキャリアがある。

裁判官は最初の10年で判事補から判事に昇進し、その後の10年でさらに判事4号まで昇進するのが一般的。なので、少なくともサイバンチョは判事4号以上。さらに、裁判長として16年以上勤めているから、おそらくは判事3号になってるんちゃうかなあ。

また、サイバンチョは高裁統括や地裁所長といった管理職にはなっておらず、未だ現役で裁判を担当している。このことから、サイバンチョの区分は判事3号を超えていないと推測できる。

サイバンチョの区分が判事3号とすると、裁判官の報酬等に関する法律によれば、月給は96万5０００円！　ボーナスや各種手当も含めると、サイバンチョは恐らく年収１６００万円〜１９００万円と思われる。さらに、勤続40年で退職したとすると、退職手当は約５０００万円ももらえると思うで！

結論

サイバンチョの月給は推定96万５０００円。

動画版が見られます

要点1

サイバンチョの月給は、裁判官としての区分がわかれば推測できる。

要点2

サイバンチョは、ゲーム内の描写からすると判事３号と推測できる。

要点3

判事３号の月給は96万５００００円。年収は１６００万円〜１９００万円になる。

裁判官の報酬月額

区分		報酬月額
最高裁判所長官		201万0000円
（途中略）		⋮
判事	1号	117万5000円
	2号	103万5000円
	3号	96万5000円
	（途中略）	⋮
	8号	51万6000円
判事補	1号	42万1500円
	2号	38万7800円
	（途中略）	⋮
	11号	24万3400円
	12号	23万7700円

※出所：「裁判官の報酬等に関する法律」別表

質問
075

裁判で、裁判官の前に座っている人って誰ですか？

質問きてた　075　裁判で、裁判官の前に座っている人って誰ですか？

裁判所で裁判官のテーブルの前に座ってる人たちがいますよね。

ああ、おるねえ。

この人たちって、何をしてる人たちなんですか？

実はあの人たち、裁判には欠かせない存在。詳しく説明すると……。

裁判官のテーブルの前に座っているのは、裁判所書記官の人たち。

裁判所書記官って、裁判所法第60条で定められた、裁判手続きのプロとして裁判を支える国家公務員。裁判所書記官の立会いがないと、裁判を開くことができないねん。

裁判所書記官の仕事は、

・裁判に立ち会い、争いのポイントをおさえた調書を作成する

・裁判をいつ開くかの調整をする
・法令や判例を調査する
・裁判所に来た人に手続きの流れや申立ての方法を説明する

といったもの。

ちなみに、弁護士が裁判所に電話したとき、対応してもらうのも裁判所書記官が多い。裁判がスムーズに進むように、弁護士や検察官などと打ち合わせを行うのも裁判所書記官の大事な仕事。

こんな風に裁判を支えている裁判所書記官やけど、もしこの職業につきたいなら、裁判所職員として一定期間働いたあとに、裁判所が行う試験に合格して1~2年の研修を受ける必要がある。

裁判って、裁判官だけではなく、裁判所書記官のようなスタッフの人たちにも支えられて成り立っているんやで。

結論

裁判官の前に座っているのは、裁判所書記官。

動画版が見られます

要点1

裁判所書記官とは、裁判手続きのプロとして裁判を支える国家公務員のこと。

要点2

主な仕事は、調書の作成、裁判日時の調整、法令や判例の調査など。

要点3

裁判所書記官になるには、裁判所が実施する試験に合格する必要がある。

質問
076
1番時間がかかった裁判ってなんですか？
質問きてた

076 1番時間がかかった裁判ってなんですか？

タケシさん、1番時間がかかった裁判って、どんなのがありますか？

せやな。世界で最も時間がかかった裁判として、ギネスブックに登録されていた日本の裁判があるで。

ええっ⁉ ギネスに⁉ どんな裁判だったのか、教えてください！

それじゃ、1番時間がかかった裁判について、詳しく紹介していくで！

実は、日本のとある民事裁判が、世界でもっとも時間がかかった民事裁判としてギネスに登録されていたことがある。

その裁判とは、1965年（昭和40年）に提起された、通称「家永教科書裁判」。家永教科書裁判とは、高校の日本史の教科書を執筆した歴史学者の家永三郎さんが、「文部科学大臣が教科書の内容を審査するのはおかしい！ 憲法が禁止する検閲にあたるし、表現の自由を侵害している‼」として起こした一連の裁判のこと。

この裁判は、1965年（昭和40年）に第1次訴訟、1966年（昭和41年）に第2次訴訟、1982年（昭和57年）に第3次訴訟が起こされ、すべての裁判が終わったのはなんと1997年（平成9年）。実に32年もの年月がかかっている。

日本の民事裁判が長いのは社会問題にもなっていて、2003年（平成15年）には「裁判の迅速化に関する法律」が成立している。この法律では、一審の訴訟手続きは2年以内のできるだけ短い期間で終わらせること、そのための手続きの整備や人員の大幅な増加を目指すことなどが定められている。

なお、現在はギネス記録が更新されている。アメリカのジェームズ・マーティンさんが起こした兵役の健康検査と差別に関する裁判は、なんと33年と362日もかかり、世界でもっとも時間がかかった民事裁判となっている。

結論

日本で１番時間がかかった裁判は、家永教科書裁判。

動画版が見られます

要点1

１９６５年（昭和40年）に提起され、すべての裁判が終わるまでに32年もかかっている。

要点2

この記録は、世界で最も時間がかかった民事裁判としてギネスに登録されていた。

要点3

現在はギネス記録が更新され、33年３６２日もかかったアメリカの民事裁判が世界最長。

法律トリビア

ウサイン・ボルトが歩道を全力疾走したら、速度違反になるの!?

100メートル走の世界記録保持者、ウサイン・ボルト。100メートルを９秒58で走り、最高時速は約45キロと言われている。このボルトが歩道を全力疾走したら、速度違反になると思う？

正解は、ならない。道路交通法の速度違反が適用されるのは車両だけ。ボルトがどれだけ速く走れても、車両ではなく歩行者なので、速度違反にはならない。

ただ、もしボルトが全力疾走で人にぶつかってケガをさせたら過失傷害罪になる可能性がある。さらに大変なのは民事の賠償問題で、ボルトは歩行者なので車の保険が適用されず、高額な賠償金を自腹で支払わなければいけない。

ボルトの全力疾走は、歩道じゃなくて競技場で見たいね。

司法試験

ATOM
アトム法律事務所

質問
077
本当に六法全部
覚えてるんですか？
質問きてた

う〜ん、刑法第1条は、ぶつぶつぶつ……。

のりちゃん、どうしたん？　六法全書見て怖い顔してるけど。

あ、タケシさん！　ぼくも六法全書を丸暗記して弁護士になりたいと思って！　弁護士って六法全書の内容を全部覚えてるんですよね？

いや　いや　いや、全部覚えてるわけちゃうで！　弁護士の頭の中に法律がどう入っているか、教えるわ！

弁護士って、六法を一字一句すべて暗記しているわけではない。そもそも司法試験では、受験生に六法全書が配られて、それを見ながら回答できるしね。

じゃあ、弁護士の頭の中に法律がどう入っているかというと、たとえばプロのピアニストとかに近いと思う。

プロのピアニストって、何百曲も練習をしてきたと思うけど、すべての曲を暗記しているわけではない。ただ、だからと言って練習した曲を忘れているわけでもないはず。昔練習した曲の楽譜を見たら、「あ〜、はいはいはい、こんな感じね」みたいにパッと思い出して、すぐにその場で弾けると思う。

弁護士もそんな感じ。すべての法律を暗記しているわけではないけど、六法全書を開いたら、過去に勉強したいろいろな事項を瞬時に思い出して理解できる。

それと、新しい曲や法律に取り組むときも同じ。プロのピアニストなら、新しい曲の楽譜を渡されても、少し見たら大体の雰囲気をつかんである程度弾ける。弁護士も、新しい法律を見たとき、目次と条文の建てつけをざっと確認したら、どこに何が書かれているかあてがついて、その法律の構造がおおむね理解できる。

弁護士は六法を一字一句覚えているわけじゃないけど、法律を見たときの理解と把握が圧倒的に早い。そういうイメージかな。

結論

弁護士は六法をすべて覚えているわけではない。

動画版が見られます

要点1

六法を一字一句覚えてはいないが、法律の理解と把握は圧倒的に早い。

要点2

六法全書を開いたら、すぐに勉強した法律の内容を思い出して、理解できる。

要点3

新しい法律に取り組むときも、目次をざっと見るだけで大体の構造が把握できる。

質問
078
司法試験って、
どんな問題が
出るんですか？
質問きてた

司法試験って、めちゃくちゃ難しい試験って聞くじゃないですか。

まあ、法律系資格の最高峰って言われることもあるからなあ。

そうなんですね⁉　司法試験って、どんな問題が出るんですか？

マークシートの問題や、論文を書く問題が出るで！　詳しく見ていこか！

司法試験って、「短答式試験」というマークシート式の問題と、「論文式試験」という論文を書く問題が出る。

まず短答式試験っていうのは、憲法、民法、刑法の3科目を解いていく試験。たとえば、「この状況は憲法○○条に違反するか」「こういう事件が起こった場合、○○罪は成立するか」みたいな問題が出てくるので、マークシート式で記号を選択して回答していく。

この短答式試験で一定以上の点数を取った人だけが、論文式試験を採点してもらえる。司法試験の本丸は、この論文式試験と言える。

論文式試験では、

①憲法や行政法などの公法系科目
②民法・商法・民事訴訟法などの民事系科目
③刑法・刑事訴訟法などの刑事系科目
④労働法・国際関係法などから自分でどの問題を解くかを選ぶ選択科目

の4つの科目、合計8問を解くことになる。

ちなみに、司法試験は年に1回、7月に行われている。司法試験って、大量の難しい文章をスピーディーに読み込んで、法律的に正しい回答を一気に書き出さないといけない、すごくハードな試験。勉強しなければならない範囲も広いし、法律についてしっかり理解してないといけないから、合格するために何年間も勉強する人も多いねんで。

結論

マークシート式の問題と論文式の問題が出る。本丸は論文式の方！

動画版が見られます

要点1

マークシート式の問題では、憲法、民法、刑法の3科目を解く。

要点2

論文式の問題では、公法系科目、民事系科目、刑事系科目、選択科目の論文を書く。

要点3

勉強しなければならない範囲も広いし、しっかりとした法律の理解も求められる。

司法試験の科目と日程（例：2023年）

7月12日(水)	論文式試験	選択科目（3時間） 公法系科目第1問（2時間） 公法系科目第2問（2時間）
7月13日(木)	論文式試験	民事系科目第1問（2時間） 民事系科目第2問（2時間） 民事系科目第3問（2時間）
7月15日(土)	論文式試験	刑事系科目第1問（2時間） 刑事系科目第2問（2時間）
7月16日(日)	短答式試験	憲法（50分） 民法（75分） 刑法（50分）
8月3日(木)	短答式試験成績発表	
11月8日(水)	合格発表	

質問
079

将来弁護士になりたい高校生です。今からできる準備はありますか？

質問きてた

質問きてた　079　将来弁護士になりたい高校生です。
今からできる準備はありますか？

タケシさん、ぼく、もし高校生に戻ったら弁護士目指したいんですよ。

そうなんや。結構勉強頑張る必要あるで。

高校生だったら、まず何から始めたらいいんですか？

よっしゃ、高校生からできる弁護士になるための準備を解説していこか！

弁護士になるために高校生ができる準備は、①暗記、②論理、③外国語の勉強に強くなること。

まず、①暗記。

司法試験の勉強って、大学受験の何倍も覚えることがあるねん。高校生のうちから暗記の訓練をしておくと将来有利やで。暗記カードを使ったり、アプリを試したりして、暗記に強くなるためにいろいろ工夫してみてな。

次に、②論理。

司法試験って、暗記だけじゃなくて論理展開で解く問題も多い。数学や物理で公式を使って論理的に問題を解くように、司法試験でも法律の式に事案を当てはめて、論理的に問題を解いていくことがある。なので、数学や物理の勉強も、法律の勉強に活きてくるで。

最後に、③外国語の勉強。

法律の勉強をしていると、読み方すらわからない未知の単語にたくさん出会うことになる。この点、外国語の勉強を通じて、知らない単語にぶつかったときにどうすればいいのかマスターしておくと、将来法律の勉強をするとき、難しい専門用語が出てきてもスムーズに勉強に取り組める。

今回紹介した①暗記、②論理、③外国語の勉強って、ぜんぶ学校の勉強で鍛えられること。高校生のうちに頑張ったことは将来活きてくるから、まずは目の前の学校の勉強を頑張ってみてな！

質問きてた　079　将来弁護士になりたい高校生です。
今からできる準備はありますか？

結論

①暗記　②論理　③外国語の勉強に強くなること。

動画版が見られます

要点1

司法試験って、大学受験の何倍も覚えることがあるから、暗記に強くなっておこう。

要点2

司法試験の問題には、論理展開で解く問題もある。論理的に解く力を鍛えよう。

要点3

法律の勉強では未知の単語が出てくる。外国語の勉強で、未知の単語の勉強法に慣れよう。

質問
080

司法試験に年齢制限ってありますか？

質問きてた

質問きてた　080　司法試験に年齢制限ってありますか？

タケシさんって、何歳のとき司法試験に合格したんですか？

おれ？　たしか28歳のときやったな〜。

へ〜！　ちなみに、司法試験って何歳から受けられるんですか？

実は、何歳からでも受けられる。詳しく解説していこか！

結論から言うと、司法試験には年齢制限がない。

司法試験の受験資格を得るには2つのルートがある。

1つ目は、法科大学院に入学し、一定の単位を取得するルート。

2つ目は、司法試験の予備試験に合格するルート。

このうち、2つ目の予備試験は年齢に関係なく受験できる。

実際に、2022年（令和4年）の司法試験では、17歳11か月で受験した人が合格した。これは、現行の司法試験の最年少合格記録。この合格者の男の子は灘高出身で、高校1年生から司法試験の勉強をはじめ、高校2年生のときに予備試験に合格し、高校3年生のときに司法試験に見事合格したらしい。

それと、現行の司法試験の最高齢合格者は71歳。毎年、60代の合格者も何人か出ている。

ちなみに、合格者の平均年齢は毎年28歳前後。おれが合格した年齢と同じくらいやね。

司法試験って、学歴や年齢は一切関係ない、完全に実力勝負の世界。法律の知識に自信があれば誰でも挑戦できる、とてもフェアな国家試験やねん。

司法試験に合格したら、将来的に弁護士・検察官・裁判官になることができるから、興味がある人はぜひ挑戦してみて！

結論

司法試験に年齢制限はない。

動画版が見られます

要点1

法律の理解力を問われる予備試験に合格すれば、何歳でも司法試験を受けることができる。

要点2

現行の司法試験の最年少合格記録は17歳11か月。最年長合格記録は71歳。

要点3

司法試験って、学歴や年齢は一切関係ない、完全に実力勝負の世界。

質問
081

司法試験に受かったら、弁護士・検察官・裁判官のどれになるか自由に選べますか？

質問きてた

質問きてた　081　司法試験に受かったら、弁護士・検察官・裁判官のどれになるか自由に選べますか？

司法試験に合格したら、弁護士以外の職業にもなれるんですか？

せやね。弁護士以外にも、検察官や裁判官にもなれるで。

どれになるかは自由に選べたりするんですか？

じゃあ、司法試験に合格後、進路を自由に選べるか解説していくで！

結論から言えば、弁護士・検察官・裁判官のどれになるかは自由に選べる。

ただし、検察官と裁判官は競争率が高くて、希望者全員がなれるわけではない。

司法試験の合格後は、司法修習っていう1年間のトレーニング期間がある。司法修習中は、弁護士事務所・検察庁・裁判所の実務現場で研修を受け、この1年の間に、弁護士・検察官・裁判官のどれになりたいかを選ぶことになる。

もし、弁護士として働きたいと思ったなら、司法修習後に日本弁護士連合会に登録・各都道府県の弁護士会に入会し、各法律事務所や企業に就職したり、おれみたいに自分で法律事務所を開いたりすることになるね。

一方、検察官や裁判官として働きたいと思ったなら、司法修習中に教官に「私、検察官や裁判官になりたいんです！」と伝え、修習でいい成績を残す必要がある。また、検察官や裁判官の適性があるかなど、人物面でも判断されることになる。

２０２２年（令和４年）の司法修習終了者１４５８名のうち、弁護士になったのは１１３６名、検察官になったのは72名、裁判官になったのは73名。検察官と裁判官は、司法修習終了者の約５％ずつしかなることができない、とても狭き門。

だから、検察官や裁判官になりたい人は、司法試験に受かったあとも引き続き本気で勉強を続けないといけない。その分、やりがいも多い仕事やと思うから、検察官や裁判官になりたい人は勉強頑張って！

質問きてた　081　司法試験に受かったら、弁護士・検察官・裁判官のどれになるか自由に選べますか？

結論

自由に選べる。ただ、検察官と裁判官は競争率が高い。

動画版が見られます

要点1

検察官と裁判官は希望者が多く、司法修習終了者の約５％ずつしかなれない。

要点2

検察官や裁判官は狭き門なので、司法試験に合格した後も勉強を続ける必要がある。

要点3

一方、弁護士は、日本弁護士連合会に登録し、各都道府県の弁護士会に所属すればなれる。

質問
082

司法試験でカンニングしたらどうなりますか？

質問きてた

質問きてた　082　司法試験でカンニングしたらどうなりますか？

タケシさん、司法試験でカンニングしたらどうなるんですか？

せやな、もしバレたらそれなりのペナルティがあるで。

えっ！　ペナルティって、どんなのがあるんですか⁉

実は、ちゃんと法律でペナルティが決められてる。解説していくで！

司法試験でカンニングをしたときのペナルティは、司法試験法第10条の「処分基準」で、受験禁止や合格の取り消しって決められている。

ちなみに、ペナルティの基準はこんな感じ。

①試験監督の指示に従わなかったら、１年以上の受験禁止。
②カンペを持ち込むなど、不正の手段で受験したら、４年以上の受験禁止。
③替え玉受験や無資格受験は、５年の受験禁止。

実際に、過去には縮小コピーした答案ノートを持ち込んでバレた受験者が、4年間の受験禁止処分にされた例がある。

ちなみに、5年以内の受験禁止って、実はかなり厳しいもの。

司法試験が受験できるのって、法科大学院を出たり予備試験に合格したりして受験資格を得たときから5年まで。もし、数年間も受験禁止になったら、その間に受験資格がなくなってしまう可能性がある。そうなったら振り出しに戻って、もう1度法科大学院に通ったり、予備試験を受けたりしなければならない。

カンニングをしたら、ペナルティを受けて、それまで頑張って勉強してきたことが全部無駄になってしまう。司法試験でも、学校のテストでも、絶対にカンニングはしたらあかんで！　自分の実力で合格できるよう頑張りや！

結論

カンニングをしたら一定期間の受験禁止などになる。

動画版が見られます

要点1

受験禁止って、司法試験受験生からするとかなり厳しいペナルティ。

要点2

司法試験は、受験資格を得たときから5年までしか受験できない。

要点3

実際にカンニングをして、4年間受験禁止のペナルティを受けたケースもある。

法律トリビア

日本には首都や公用語がない!?

日本って、実は首都や公用語が法律で明確に定められていないって知ってた？

首都の場所や公用語の種類って、憲法や法律できっちりと定められている国も多いけど、日本では定められていない。

一応、日本の首都は東京、公用語は日本語ってみんな思ってる。けど、法律ではとくに決められていないのって、常に抜け目がない法律としては不思議な話。

他にも日本では、国のリーダーが誰かってことも憲法や法律で定められていない。国のリーダーって、イギリスなどの君主制の国では王様、アメリカなどの共和制の国では大統領などって決められてることが多い。一方日本では、リーダーが総理大臣なのか天皇なのか国民なのか、専門家の間でも意見がわかれてるねん。

弁護士

ATOM
アトム法律事務所

質問
083
弁護士バッジは
何でできて
いるんですか?
質問きてた

質問きてた　083　弁護士バッジは何でできているんですか？

タケシさんのつけてる弁護士バッジ、金ぴかですね!!

せやろ〜。これ、ぴっかぴかやろ！

このバッジ、何でできてるんですか？

実はおれのバッジ、普通のバッジとちょっと違う材質でできてるねん。

弁護士バッジって、一般的なのは純銀でできていて、金色の部分には金メッキが施されている。

そのため、何年もつけていると金メッキが剥げて、いぶし銀みたいな色になる。

また、特注の18金の弁護士バッジをつくることもできる。おれがつけているバッジはこっちの方。値段は８万４６００円。

ちなみに、バッジのモチーフはひまわりで、中に天秤が描かれている。ひまわりは正義と自由を、天秤は公正と平等を表している。

バッジの裏には、「日本辯護士連合會員章」という文字と、弁護士の登録番号などが記載されているで。あと、もし弁護士バッジをなくして再交付してもらったら、「再」という文字と再交付回数が刻印されることになる。

弁護士はバッジを、普通はスーツの左側につけてる。弁護士バッジをつけていたら、裁判所の所持品検査が免除されたり、拘置所での手続きがスムーズになったり、何かと便利やねん。

ただ、仕事が終わったあとは、バッジを裏返しにしてスーツにつける人も多い。理由は、バッジをそのままつけてると、弁護士と気づかれて面倒ごとに巻き込まれるリスクがあるから。「バッジを鞄にしまえばいいのでは?」と思う人もいるかもしれないけど、それだとバッジをなくしてしまうリスクがあるからね。おれもなくさないように気をつけんとな。

結論

一般的なものは純銀に金メッキが施されている。

動画版が見られます

要点1

純銀に金メッキなので、使い続けていると金メッキがはがれ、いぶし銀みたいな色になる。

要点2

一方、特注の18金でできた弁護士バッジをつくることもできる。

要点3

18金の弁護士バッジは、メッキではないのでずっとぴっかぴか。

質問
084

弁護士って どれくらい 稼げるんですか？

質問きてた

084　弁護士ってどれくらい稼げるんですか？

タケシさん、弁護士ってめちゃめちゃ稼げるんですよね？

う〜ん、一概には言えないけど、まあ稼いでる人もいるかな〜。

1番稼いでる人でどれくらいなんですか⁉　教えてくださいよ！

まあ、おれのわかる範囲内やったら、教えるわ！

弁護士で稼いでいる人には、所得1億円超えの人が490人いる。

国税庁が発表している2021年（令和3年）の所得金額のデータによると、所得の分布は、

・所得50億円超え〜100億円の間の弁護士が1人
・所得10億円超え〜50億円の間の弁護士が4人
・所得1億円超え〜10億円の間の弁護士が485人

となっている。

ちなみに、プロ野球では、日本人の1億円プレイヤーは約90人。そう考えると、弁護士もなかなか稼いでる人が多いんじゃないかな。

ただ、夢がある話だけでもない。所得が２００万円以下の弁護士は１４４８４人。これは弁護士全体の34・３％にあたる。

15年前は所得が２００万円以下の弁護士はほとんどいなかったけど、現在は二極化が進んでいるねん。その理由としては、２００６年（平成18年）に新司法試験が導入され、弁護士の数が一気に増えたことも一因と言われている。実際に、15年前の弁護士数は2万５０００人くらいやったけど、現在は約４万５０００人もいるからね。

弁護士の世界は、スポーツ選手と同じで、プロフェッショナルの実力勝負の世界。成果を出せれば所得1億円以上を稼げるし、成果が出なければ所得２００万円を下回ることもある。夢がある反面、なかなか厳しい現実もあるんやね。弁護士になったあとも、成果をきちんと出せるように努力する必要があるんやで。

結論

所得1億円超えの人も、200万円以下の人もいる。

動画版が見られます

要点1

弁護士のうち、所得が1億円を超える人は490人。

要点2

一方、所得が200万円以下の人は14484人いる。

要点3

弁護士の所得は二極化が進んでいるので、弁護士になったあとも努力していく必要がある。

弁護士の稼ぎ（2021年の申告所得）

金額（円）	人数
200万以下	14,484
200万超～700万	9,609
700万超～1200万	7,408
1200万超～1億	10,261
1億超	490

※出所：国税庁Webサイト「申告所得税」令和3年度

質問
085

弁護士が使う変わった言葉遣いってありますか？

質問きてた

タケシさん、弁護士の人だけが使う言葉遣いってありますか？

せやな、弁護士だけって言うより、法曹界が使う変わった言葉遣いがあるで。

えっ、どんな言葉遣いですか⁉

「差し支え」とか「しかるべく」とかいろいろあるで。詳しく教えよか！

「差し支え」　その日は別の用事でスケジュールが埋まってますという意味。

裁判官「次回の裁判は○月○日でどうですか？」
弁護士「その日は差し支えです」
っていう風に使う。ちなみに、スケジュールが空いているときは「お受けできます」という。

「しかるべく」　あえて反対はしない。裁判所に任せるという意味。

裁判官「この証拠を調べてもいいですか？」

弁護士「しかるべく」
っていう風に使う。

「鑑(かんが)みて」　考慮して、加味して、という意味。裁判官が判決で使うことがある。

裁判官「被告人の事情を鑑みて、懲役3年・執行猶予5年に処す」
裁判官「以上の経緯を鑑みて、原告の賠償金請求を認める」
っていう風に使う。

「蓋(けだ)し」　法曹界では、なぜならという意味。裁判官が判決で使うことがある。

裁判官「被告人には正当防衛が成立する。蓋し〇〇だからである」
裁判官「原告の申立ては正当とは言えない。蓋し〇〇だからである」
っていう風に使う。〇〇には、その理由の説明が入る。

こんな感じで、法曹界では変わった言葉遣いをすることもあるねんで。

結論

法曹界の人が使う変わった言葉遣いがある。

動画版が見られます

要点1

「差し支え」その日はスケジュールが埋まってますという意味。

要点2

「しかるべく」あえて反対はしない、裁判所に任せるという意味。

要点3

他にも「鑑みて」「蓋し」など、日常的ではない言葉が判決文に使われることもある。

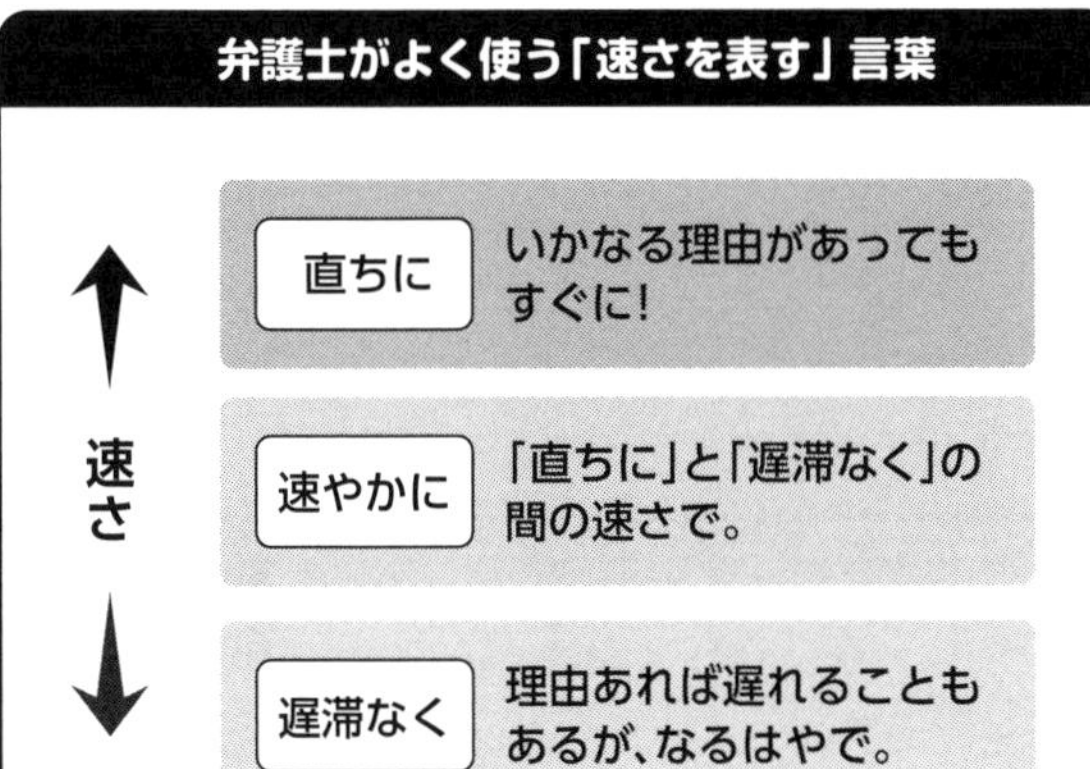

質問
086

お金がなくても、弁護士をつけることはできますか？

質問きてた　086　お金がなくても、弁護士をつけることはできますか？

弁護士に依頼する費用って、高いですよね～。

まあ、事案によるけどねえ。

ぼく、お金がないんで、依頼するの難しいですよね……。

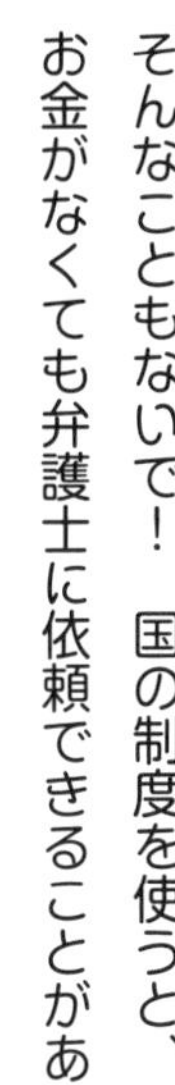

そんなこともないで！　国の制度を使うと、お金がなくても弁護士に依頼できることがあるから、解説していくわ！

お金がなくても、国の制度を利用すれば弁護士をつけることができる。刑事裁判と民事裁判で方法が違うから、順に見ていこう。

まずは刑事裁判。犯罪を犯して刑事裁判を受けるとき、自分でお金を払って弁護士に依頼できないなら、国選弁護制度を使おう。

国選弁護制度とは、預貯金などが一定の基準より低い場合などに、裁判所が選んだ弁護士についてもらえる制度。弁護士費用は国が負担してくれる。ただ、自分から「この弁護士がいい」みたいな指名はできない。

次に民事裁判。民事裁判って、弁護士をつけない「本人訴訟」をすることもできるけど、手続きなどが難しいから、基本的に弁護士に依頼することになる。そういうときお金がない場合は、国が作った法律の総合案内所である「法テラス」を通じて、「民事法律扶助」という制度を使おう。

民事法律扶助って、収入や資産が一定の基準より低い場合、弁護士費用を立て替えてもらえる制度のこと。

法律的な問題が起こったとき、お金がなくても弁護士をつけられる制度があるのを知っておいてな。トラブルに巻き込まれたときは、お金がないからと諦めず、弁護士をつけることを検討してみて！

結論

国の制度を使えばお金がなくても弁護士をつけられる。

動画版が見られます

要点1

刑事裁判では、「国選弁護制度」を使うと裁判所が選んだ弁護士が無料でつく。

要点2

民事裁判では、「民事法律扶助」を使うと国に弁護士費用を立て替えてもらえる。

要点3

トラブルに巻き込まれたときは、お金がないからと諦めず、弁護士への依頼を検討しよう。

条文

憲法

第37条3項【刑事被告人の諸権利】

刑事被告人は、いかなる場合にも、資格を有する弁護人を依頼することができる。被告人が自らこれを依頼することができないときは、国でこれを附する。

質問
087

どうして罪を犯した人に弁護士がつくんですか?

質問きてた

タケシさん、弁護士って、犯罪をした人につくこともありますよね？

せやね。基本的に刑事裁判では犯罪をした人に弁護士がつくことになってる。

何で犯罪をした人にもつくんですか？

これ、ちゃんとした理由がある。詳しく解説していこか。

罪を犯した人に弁護士がつくのは、憲法37条3項や刑事訴訟法36条で「刑事裁判には弁護士をつけることができる」と定めているから。

じゃあ、なぜ罪を犯した人に弁護士をつける必要があるのかというと、それは事件の真実を発見するため。

昔は弁護士なしで裁判したこともあってんけど、それだと無実の人が間違って死刑にされたみたいな、取り返しのつかないミスがたくさんあった。

たとえば、のりちゃんが訴えられて、裁判所に「犯罪をした人には弁護士をつけない」と言われて、自分の言い分を聞いてもらえずに有罪判決を言い渡されたら困るやろ？　そんなことを防ぐために、加害者にも弁護士をつけるようになってん。のりちゃんひとりだけで裁判を受けるより、法律の専門家である弁護士がついていた方が、ちゃんと言い分を伝えられるからね。

裁判官が正しい判断をするには、被害者側と加害者側の両方の話を聞くことが大切。両方の話を聞けば、事件が立体的に見えてきて、一面からではなくいろんな方向から見て事実を判断できるようになる。

被害者だけから話を聞くと、本当は加害者がやってないことも事実と間違えてしまうこともあるからね。被害者側と加害者側の両方の話を聞くって、とても大事なことやねん。覚えといて！

結論

事件の真実を発見するため。

動画版が見られます

要点1

憲法や刑事訴訟法では、「刑事裁判には弁護士をつけることができる」と定められている。

要点2

昔は弁護士なしで裁判していたが、それだと無実の人が間違って死刑にされたことも。

要点3

裁判官が正しい判断をするには、被害者側と加害者側の両方の話を聞くことが大切。

条文

刑事訴訟法

第36条【国選弁護】

被告人が貧困その他の事由により弁護人を選任することができないときは、裁判所は、その請求により、被告人のため弁護人を附しなければならない。但し、被告人以外の者が選任した弁護人がある場合は、この限りでない。

質問
088
日本でトップの
弁護士事務所って
どこですか？
質問きてた

タケシさん！　日本でトップの弁護士事務所ってどこですか？
もしかして、アトム法律事務所ですか⁉

ちゃうちゃう！　うちは中堅くらい。もっとすごい弁護士事務所もあるで！

えっ、もっとすごい弁護士事務所ってどこですか？

たとえば、こんな弁護士事務所があるで！

まず、日本でトップの弁護士事務所は、所属している弁護士の人数から言えば「西村あさひ法律事務所」。所属している弁護士数は、なんと633人（※2022年（令和4年）5月31日時点）。

他にも、

・TMI総合法律事務所（弁護士数527人）

・アンダーソン・毛利・友常法律事務所（弁護士数523人）
・森・濱田松本法律事務所（弁護士数522人）
・長島・大野・常松法律事務所（弁護士数514人）
これらの弁護士数が500人を超える5つの弁護士事務所は、「5大事務所」「ビッグ5」などと呼ばれることもある。

5大事務所の共通点は、日本経済を支える大企業の案件を中心に取り扱う、企業法務事務所であること。契約書の作成や、トラブルが発生した時のアドバイス、企業の合併・買収にあたっての交渉といった法律的な仕事を行ってるねん。

有名な大学を出て司法試験に一発合格したような成績優秀な弁護士は、この5大事務所のいずれかに入所することが多い。

ちなみに、アトム法律事務所はグループ全体でみると弁護士は30人。事務所は全国12か所にある。規模的にいうと中堅どころって感じかな。

結論

弁護士数が1番多いのは、西村あさひ法律事務所。

動画版が見られます

要点1

西村あさひ法律事務所の弁護士数は、2022年（令和4年）5月時点で633人。

要点2

弁護士数が500人を超える弁護士事務所は5つあり、通称「ビッグ5」と呼ばれている。

要点3

ちなみに、アトム法律事務所グループの弁護士数は現在30人。規模的に言うと中堅どころ。

質問 089

弁護士って普段何してるんですか？

タケシさん、弁護士って普段何してるんですか？

えっ、何してるも何も、法律の仕事してるけど……。

具体的にどんなことをしてるんですか？

そしたら、弁護士が普段している仕事を紹介していくで！

弁護士が普段している仕事は、「3W」に例えられることがある。

1つ目のWは、WRITE（書く）のW

弁護士の仕事は、法律的な書面を書くことが中心。たとえば、訴状や反論書、相手方への通知書などを書いている。裁判って、ドラマみたいに法廷で言い争うイメージがあるかもしれないけど、基本的には書面でのやりとりが中心やねんで。

2つ目のWは、WALK（歩く）のW

弁護士って、裁判所や警察署、関係者の会社に出向くことも多い。ときには、何時間もかけて遠方の裁判所や警察署に行くこともある。だから、鞄に案件の書類をつめて街を歩いている時間も長い。

3つ目のWは、WAIT（待つ）のW

弁護士は仕事で裁判所や警察署に行ったあと、その場で待つことも多くある。また、争いの相手方から書面が届くのを待っていることも多い。裁判では、相手方から反論の書面が届かないと、次のステップに進めないこともあるからね。

ちなみに、おれみたいな動画配信をしている弁護士だと、4つ目のWもある。それは、WATCH（見る）のW。面白い動画を毎日配信できるように、普段からユーチューブやティックトックをよく見てるねん。暇やから見てるんとちゃうで。あくまで仕事で見てるんやからな！

結論

弁護士の仕事は「3W」に例えられることがある。

動画版が見られます

要点1

①WRITE（書く）のW
訴状や反論書など、書面を書く仕事がたくさんある。

要点2

②WALK（歩く）のW
裁判所や警察所などに出向くことも多い。

要点3

③WAIT（待つ）のW
裁判所で待ったり、相手の書面を待ったりする時間もある。

質問
090
弁護士って定時で
帰れるんですか？
質問きてた

タケシさん、今日は楽しみにしてたゲームの発売日なんで、ぼく、先に定時で帰りますね！

おお、お疲れ〜。

そう言えばタケシさん、弁護士って定時で帰ることあるんですか？

う〜ん、弁護士は人によるな〜。ちょっと解説するわ！

まず、法律事務所に所属して、依頼者の代理人として案件を処理するような弁護士は、定時で帰ることは難しい。

なぜなら、定時で帰ろうと思っていたとしても、定時間際に「会社でトラブルが起こったので緊急で対応してほしい」とか「家族が警察に逮捕されたので相談したい」みたいな急ぎの依頼が来ることがあるから。弁護士が「今日は定時で帰りたいんで……」と断ってしまうと、その間に依頼者の状況が悪化してしまうこともある。

それに、日中は依頼者からの相談や、裁判所での手続きなどに追われていることも多いから、事務所が静かになった夜に残業して書類仕事を片づけることも多いねん。

一方、定時で帰れるような弁護士もいる。それは、企業に所属して社内の案件を処理する企業内弁護士、別名「インハウスローヤー」と言われる人たち。企業内弁護士は自社の案件だけを取り扱うので、緊急の仕事が入ることは比較的少ない。そのため、定時で帰れることも多いねん。

最近では、企業内弁護士として働く弁護士も増えている。その理由は、企業からの需要があるだけではなく、弁護士もワークライフバランスを考えた働き方ができるから。

弁護士を目指す人は、自分にあった働き方を選ぼう！

結論

定時で帰れる弁護士と、定時で帰るのは難しい弁護士がいる。

動画版が見られます

要点1

法律事務所に所属して依頼者の案件を代理する弁護士は、定時で帰るのは難しい。

要点2

一方、企業に所属して社内の案件を処理する弁護士は、定時で帰れることも多い。

要点3

弁護士を目指す人は、自分にあった働き方を選ぼう！

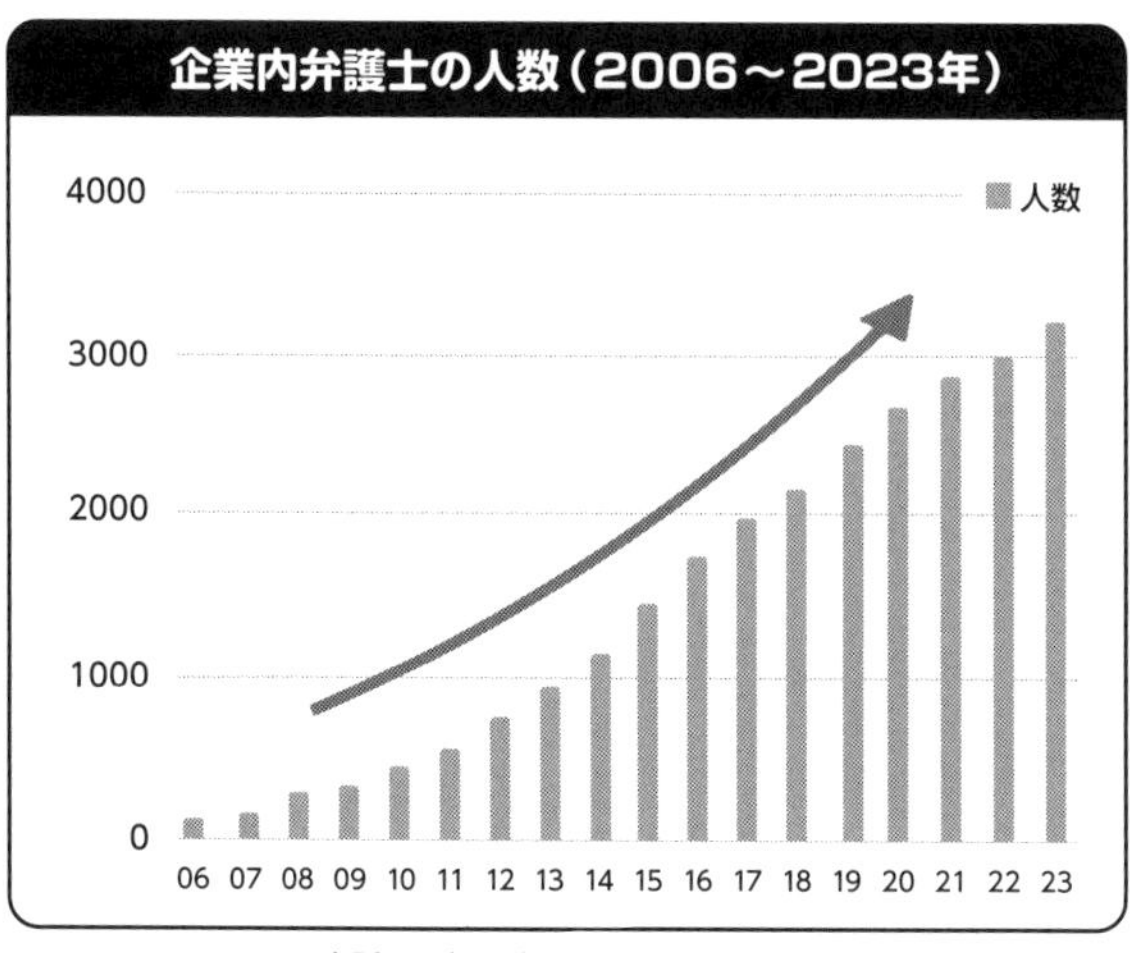

出所：日本組織内弁護士協会の資料

質問
091

「カレー味のウンコ」と「ウンコ味のカレー」、弁護士ならどっちを選びますか？

質問きてた

質問きてた 091

「カレー味のウンコ」と「ウンコ味のカレー」、弁護士ならどっちを選びますか？

タケシさん、究極の選択です。カレー味のウンコ、ウンコ味のカレー、どっちを食べますか？

うわ〜、それは究極やな〜。

3！　2！　1！

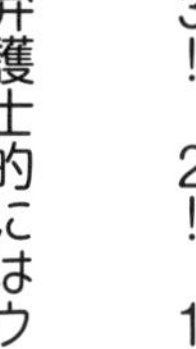

弁護士的にはウンコ味のカレー！　なんでか解説するわ！

カレー味のウンコとウンコ味のカレー、昔からよくある究極の質問やけど、弁護士が選ぶならウンコ味のカレー。

だって、ウンコ味のカレーって、あくまでもカレーやん。もしお店で提供したとしても、ただの臭くてまずいカレーなだけで、罪にはならない。

一方、カレー味のウンコって、味がカレーなだけであくまでもウンコ。お店で提供したら、めちゃくちゃ美味しくても、いくら卵や野菜などのトッピングで誤魔化しても、お客さんに汚物を提供したとして暴行罪や食品衛生法違反になる。普通にお店の人が逮捕されたり、営業停止になったりするで。

実際に、ウンコを食べさせようとして事件になったケースもある。

愛知県の学校で、20代の女性職員が給食にウンコを混ぜたとして、器物損壊と偽計業務妨害の罪で書類送検された。人にウンコを食べさせるのって、やっぱりあかんことやねん。

よって、法律厳守なのはウンコ味のカレー。弁護士が選ぶなら、いくら臭くてまずいウンコの味でも、絶対にこっち。

ちなみにみんなは、カレー味のウンコとウンコ味のカレー、この究極の選択、どっちを選ぶ?

質問きてた　091　「カレー味のウンコ」と「ウンコ味のカレー」、弁護士ならどっちを選びますか？

結論

弁護士ならウンコ味のカレーを選ぶ。

動画版が見られます

要点1

ウンコ味のカレーは、あくまでカレー。お店で提供しても罪にはならない。

要点2

一方、カレー味のウンコは、あくまでウンコ。お店で提供したら犯罪になる。

要点3

もし、カレー味のウンコを提供したら、暴行罪や食品衛生法違反になる。

10 弁護士

質問
092

もし
この世に弁護士が
いなかったら
どうなりますか？

質問きてた

質問きてた　092　もしこの世に弁護士がいなかったらどうなりますか？

タケシさん、もし、この世界に弁護士がいなかったらどうなりますか？

そりゃ、トラブルが起こったとき、いろいろ大変になるで。

そうなんですか!?　具体的にはどんな感じになるんですか？

それじゃ、この世に弁護士がいなかったらどうなるか、解説するで！

もし、この世に弁護士がいなければ、「事件屋」が暗躍することになる。

事件屋って、法律の資格がないのにトラブルに介入して報酬をもらう人たちのこと。法律の知識がないので逆に事態を悪化させたり、依頼人にとんでもない金額を請求したり、最悪のケースでは非合法な手段で事件を解決しようとしたりする、何かと問題な存在。

実際に江戸時代には、「公事師（くじし）」という事件屋が暗躍していた。公事師とは、奉行所に訴えた人や訴えられた人の依頼を受けて、裁判のアドバイスをしたり、書類を代わりにつくったりする人たちのこと。

しかし、公事師のアドバイスは「裁判に勝つために、わしがあんたの親族になりすまして、ええ感じに証言してあげますわ。任せといてください」といったもので、今の弁護士と比べるととても雑なものだった。そのため、公事師は江戸幕府に取り締まられていた。

その後、1876年（明治9年）には弁護士の前身とも言える「代言人（だいげんにん）」という人たちが登場したけど、最初のうちは資格制度がなく悪質な代言人もいたなど問題点も多かった。1893年（明治26年）にやっと弁護士法が制定され、法律のプロを選抜するための試験と資格がつくられて今に至る。

と言うことで、弁護士がいないと、トラブルが悪化したり解決しなかったりすることも多い。やっぱり弁護士の存在って大切やねん。

結論

弁護士がいないと無資格の「事件屋」がはびこる。

動画版が見られます

要点1

事件屋とは、資格がないのにトラブルに介入して報酬をもらう人たちのこと。

要点2

事件屋は法律の知識がないので、逆に事態を悪化させる可能性がある。

要点3

弁護士がいないとトラブルが悪化したり解決しなかったりするので、弁護士は必要。

質問
093

弁護士資格が剥奪されることってあるんですか？

質問きてた　093　弁護士資格が剥奪されることってあるんですか？

タケシさん、ニュースを見てたら、弁護士が捕まって、裁判で有罪になってました！

そらあかんな。その弁護士、資格を剥奪されるやろね。

えっ！　弁護士資格が剥奪されることってあるんですか⁉

あるある。じゃあ、弁護士資格ってどうなったら剥奪されるか教えるで！

弁護士法では、弁護士資格が剥奪されるケースが定められている。主にこの３つのケース。

① 禁錮以上の刑

刑事裁判で禁錮以上の刑が確定したら、弁護士資格が剥奪される。執行猶予つきの場合は、執行猶予が終わったら資格が復活するけど、弁護士会に入れず仕事ができなくなるケースが多い。

怖いのは交通事故。事故を起こすと禁錮刑以上の刑になることもあるから、車がないと仕事ができない地域の弁護士は、すごく気をつけて運転してる。

②弁護士会からの除名

所属している弁護士会から除名処分を受けた場合も、一定期間は弁護士資格を剥奪されることになる。ちなみに、除名処分を受けるケースの典型は、依頼者から預かったお金を使い込んで返せなくなってしまった、いわゆる着服など。

③破産

事務所の経営に失敗して、裁判所から破産手続開始の決定を受けたときも、弁護士資格は剥奪される。だって、破産した弁護士に仕事やらせたら、お客さんからのお金をこっそり盗むんじゃないかって不安にならへん？

弁護士資格が剥奪されるのは、主にこの３つのケース。

結論

弁護士資格が剥奪されるケースは主に3つ。

動画版が見られます

要点1

①禁錮以上の刑。刑事裁判で禁錮以上の刑が確定したら剥奪される。

要点2

②弁護士会からの除名処分。着服などで除名処分を受けたら剥奪される。

要点3

③破産。事務所の経営に失敗して破産したら剥奪される。

質問
094

偽物の弁護士になりすましたらどんな罪になりますか？

質問きてた

よ～し、レプリカの弁護士バッジを胸につけて、
「のりちゃん法律事務所」、開業！

（ガチャッ）のりちゃん、何してるん？

いや、そろそろこの本で法律知識が身についてきたし、
弁護士として仕事をしてみたいなって思って！

あかん あかん、そんなん！ 弁護士のふりしたら犯罪やで!!

弁護士の資格を持っていない人が弁護士のふりをしたらいろいろな犯罪になる。

まず、弁護士の資格を持っていない人が「私は弁護士なんです」と偽ったら、軽犯罪法1条15号の違反で、拘留または科料になる。

次に、弁護士の資格を持ってない人が自分のプロフィールなどに「私は弁護士です」と偽りの標示をしたら、弁護士法74条1項違反で100万円以下の罰金が科される。

最悪なのは、弁護士の資格を持っていない人が、裁判の代理人をしたり、法律相談を受けたりしてお金をもらった場合。これは弁護士法72条に違反する「非弁行為」になって、2年以下の懲役または300万円以下の罰金が科されることになる。

ちなみに、実際に起きた事件では、ある暴力団員が組長に面会するために偽物の弁護士バッジをつけて拘置所に訪れ、入り口で弁護士のサインを偽造して中に入り、逮捕された事件がある。

弁護士じゃないのに偽物の弁護士になりすましたら、いろいろな犯罪になるから注意してや！

というわけでのりちゃん、弁護士バッジのレプリカは没収！「のりちゃん法律事務所」は即廃業やで！

結論

軽犯罪法違反や弁護士法違反になる。

動画版が見られます

要点1

弁護士の資格を持たない人が弁護士を名乗ったら軽犯罪法違反。

要点2

弁護士の資格を持たない人が弁護士の標示をしたら弁護士法74条違反。

要点3

弁護士の資格を持たない人が法律相談などをしてお金をもらったら弁護士法72条違反。

法律トリビア

「一口ちょうだい」って言われたのに全部食べられたら!?

いちご大福を食べてるときに「それおいしそう！　一口ちょうだい」って言われて渡したら、いつの間にか全部食べられていた。これ、めっちゃショックやん。

実はこの「一口ちょうだい」って言いながら全部食べるのって、犯罪になる可能性がある。全部食べるつもりなのに「一口ちょうだい」って嘘をついて大福をもらって完食したら、刑法246条１項の詐欺罪になる。

詐欺罪の刑罰って、10年以下の懲役。罰金刑が設定されていないから、有罪になったら懲役一択のとても重い犯罪。

そもそも、一口ちょうだいって言いつつ全部食べるのって、食べ物ではなく、食べ物をあげた人が楽しみにしていたおやつの時間まで奪ってしまう悪質な行為。一口ちょうだいって言ったんなら、ちゃんと一口だけって守りや！

ATOM
アトム法律事務所

質問
095

タケシさんは本当に弁護士なんですか？

質問きてた　095　タケシさんは本当に弁護士なんですか？

タケシさんって、本当に弁護士なんですよね……？

待ってや。のりちゃん、何で今さら疑問持ってるん。

いや、ただの法律に詳しいおじさんの可能性もあるなってふと思って……。

そんなわけないやん！　おれが本当に弁護士やって証明したるわ!!

弁護士を名乗る人物が本物なのか確認する方法は3つ。

1つ目は弁護士バッジ。弁護士名簿に登録されたとき、「日本弁護士連合会」、略して「日弁連」から貸し出されるもの。弁護士なら誰でも持ってる。

2つ目は日弁連が発行する顔写真つき身分証明証。車の免許証みたいなカード型の身分証で、弁護士の登録番号や所属している事務所の名前・住所が書かれてる。

3つ目は日弁連のホームページ。トップページにある「弁護士検索」をクリックして、「日弁連の弁護士検索」っていうページに飛ぶと、国内に実在するすべての弁護士を検索できる。弁護士なら全員ここで検索できるから、逆に言うと検索しても出てこない弁護士は確実に偽物。

もし、弁護士を自称する怪しい人に会ったら、この3つの方法で本物の弁護士か確かめることができる。騙されないためにも、ぜひ覚えておいてな。

それで、おれは弁護士バッジも持ってるし、顔写真つき身分証も持ってる。さらに、おれの名前を日弁連のホームページで検索すると……、ほら、出てきた！　岡野武志ってちゃんと書いてあるやろ！

のりちゃん、おれはこう見えても本当に弁護士やからな！　ただの法律に詳しいおじさんちゃうで!!

結論

おれは本当に弁護士！確認する方法は3つ。

動画版が見られます

要点1

①弁護士バッジ。弁護士になると、日弁連から貸し出される。

要点2

②日弁連が発行する顔写真付き身分証明証。登録番号や所属事務所が書かれている。

要点3

③日弁連のホームページ。国内に実在するすべての弁護士はここで検索できる。

質問
096
アトム法律事務所をつくった人はだれ？
質問きてた

質問きてた　096　アトム法律事務所をつくった人はだれ？

タケシさん、アトム法律事務所って誰がつくったんですか？

え、おれやけど。

タケシさんがつくったんですか⁉
アトム法律事務所の歴史って、どんな感じなんですか？

じゃあ、アトム法律事務所の今までの歴史について、話してこか！

アトム法律事務所をつくったのは、おれ。15年前、弁護士になったばかりの30歳のときに、東京の永田町にあるマンションで設立した。

おれってもともと、高卒のフリーターやってんけど、その後、司法試験に合格して弁護士になった。けど、高卒のせいか法律事務所の採用試験を受けても全滅。そこで、自分で法律事務所をつくることにした。

設立当時は弁護士もおれ1人しかいなくて、最初の1～2年はほぼ休みなしで朝から晩まで働いていた。一つひとつの相談や案件に丁寧に対応して、一人ひとりの依頼者から信頼を積み重ねて、だんだんと仲間も増え、事務所も大きくなっていった。

事務所の経営も動画の配信もそうやけど、毎日毎日、雨の日も風の日も、たとえ気分が乗らなくても、一つひとつしっかりと仕事をこなして積み重ねていくことが大事なんやと思うわ。「継続は力なり」やで。

今ではアトム法律事務所グループは、東京、横浜、名古屋、大阪、福岡など、全国の主要都市に12の拠点を構え、弁護士30人を含むスタッフ100人以上を抱える大きな事務所になった。

これからも困っている人の力になれるよう、コツコツ頑張るで！

結論

アトム法律事務所をつくったのはおれ！

動画版が見られます

要点1

アトム法律事務所って、15年前におれがつくった事務所。

要点2

一つひとつの相談や案件に丁寧に対応することで、だんだん大きくなっていった。

要点3

今ではグループ全国12拠点、弁護士30人を含むスタッフ100人以上を抱える事務所になった。

質問
097

アトム法律事務所ではどんなことを相談できるんですか？

質問きてた

質問きてた　097　アトム法律事務所ではどんなことを相談できるんですか？

♪アトムの無料相談〜って動画の最後でよく言ってるじゃないですか。
あれ、実際どんな相談ができるんですか？

せやね。主に交通事故と刑事事件の相談を受け付けてるで。

そうなんですか！　具体的にどんな相談ができるんですか？

じゃあ、アトム法律事務所でできる相談について詳しく教えるで！

アトム法律事務所が相談を受け付けてる主なジャンルは交通事故と刑事事件。

まず、交通事故は、事故の被害にあった側からの相談を受け付けてる。

「保険会社から言われた賠償金が少ない気がするんですけど……」みたいな相談やね。

こういうときは、弁護士が間に入った方が保険会社からもらえる賠償金が増えることが多い。とくに、「下半身不随で歩けなくなってしまった」「脳の障害で仕事に復帰できない」みたいに深刻な後遺症が残ったケースでは、十分な賠償金をもらわないとその後の生活が大変になる。

一方、刑事事件は、警察に検挙された側からの相談を受け付けてる。とくに「うちの息子が万引きで警察に……」「うちの夫が警察に呼ばれて帰って来ない……」みたいに、家族が警察のお世話になった人からの相談が多い。

刑事事件では、弁護士が間に入れば、被害者の方に謝罪したり、弁償や賠償の手続きを進めたりすることができる。

交通事故と刑事事件の場合は無料で相談できるケースも多いから、事故や事件で困ったら、アトム法律事務所に電話をかけてきてな！

結論

主に交通事故と刑事事件の2つ。

動画版が見られます

要点1

交通事故は、事故の被害にあった側からの相談を受け付けてる。

要点2

一方、刑事事件は、警察のお世話になった側からの相談を受け付けてる。

要点3

無料で相談できるケースも多いから、困ったときはアトムのことを思い出してな！

「アトムの無料相談」問合せ先

問合せ内容

交通事故　刑事事件

問合せページのURL

https://atomfirm.com/contact

質問
098
法律相談って気軽にできるんですか？
質問きてた

弁護士への法律相談って、なんかハードルが高いんですよね。

あ〜、みんなそんなイメージ持ってるかもね。

法律相談って、気軽にしてもいいんですか？

ええで！　まずは気軽に電話をかけてみて！

法律トラブルって、自分では置かれてる状況を判断するのが難しい。「これって民事事件？　刑事事件？」「どうやって解決すればいいの？」「無料で相談できる内容？」とか、いろいろ迷うんちゃうかな。

そこで、大切なのは、まずは気軽に電話をかけてみること。

アトム法律事務所では、24時間３６５日体制で相談予約の受付をしてる。電話をかけてもらったら、たくさんの問合せに対応してきた専門のスタッフから、「それは刑事事件ですね。無料相談の対象です」みたいな感じで、トラブルの種類に応じた案内を受けられる。

その後、スタッフが弁護士への法律相談の予約を入れる形になってる。ケースによっては電話やＬＩＮＥで弁護士とやりとりできるから、法律相談のハードルが高いと思ってる人も、気軽に相談できる。

ＷＥＢで「アトム法律事務所」って検索して、アトム法律事務所のウェブサイトに来てもらったら、トラブルの分野別の窓口一覧が書かれてるから、そこから問い合わせてみて。

ただ、トラブルの種類の判断って、難しいことも多い。自分のトラブルがどの窓口かわからなかったら、どの電話番号にかけてもらっても大丈夫。まずは気軽に電話をかけてきてな！

結論

気軽に相談できるから、まずは電話をかけてみて！

動画版が見られます

要点1

法律的なトラブルって自分では判断できないことも多い。

要点2

アトム法律事務所では24時間365日体制で相談予約の受付をしてる。

要点3

ハードルが高いと思ってる人も、ケースによっては電話やLINEで気軽に弁護士に相談できる。

質問
099

事故にあって慰謝料を計算するときどうしたらいいですか？

質問きてた

交通事故にあったぼくの友達、治療が終わったらしいんですよ！

おお、よかったね〜。

でも、保険会社から慰謝料はこれくらいって言われたらしいんですけど、本当にその金額であってるのかわからなくて、困ってるみたいなんです。

それなら、アトム法律事務所の慰謝料計算機を使うとええで！

まず、慰謝料の法律的に妥当な金額は、入通院した期間や、後遺症が残った場合の「後遺障害等級」をもとに決まる。

けど、そうは言われても、慰謝料の計算って複雑だから、実際にどのくらいの金額を請求できるのかわかりづらいと思う。

そんなときは、アトム法律事務所の慰謝料計算機を使ってみて！　ＷＥＢで「アトム法律事務所　慰謝料計算機」と検索したらアクセスできるで！

計算機の使い方はこんな感じ。

①重傷や打撲・むちうちなど、ケガの程度を選ぶ
②入通院の開始日や治療終了日を入力する
③「後遺障害等級」が認定されていたら、等級を入力する
④年齢や年収を入力する

これだけで、1分もかからずに法律的に妥当な慰謝料の金額がわかるようになってる。もちろん無料で使えるで！

保険会社の書類にサインする前に、1度この計算機を使って、本来もらえるはずの慰謝料の金額がいくらなのか計算してみて！　のりちゃんも友達に、慰謝料計算機を紹介してあげてな！

質問きてた　099　事故にあって慰謝料を計算するときどうしたらいいですか？

結論

アトム法律事務所の慰謝料計算機を使ってみて！

動画版が見られます

要点1

慰謝料の法律的に妥当な金額は、入通院期間や後遺障害等級で決まる。

要点2

慰謝料計算機では、治療日数などを入力するだけで、法律的に妥当な慰謝料の金額がわかる。

要点3

保険会社から慰謝料を提示されたら、妥当な金額なのか、サインする前に確かめてみて！

質問
100

アトム法律事務所って、今後、どこに向かっていくんですか？

質問きてた

タケシさん、アトム法律事務所って、今後どうなっていくんですか？

どうなっていくかは、秘密やな～。

え～！　教えてくださいよ～！

しゃーないなあ。アトム法律事務所の今後は……、

アトム法律事務所って、今までも時代と環境に合わせてどんどん進化してきた。

時代を超えて生き残る組織って、時代の変化に適応して進化できる組織やと思ってる。

たとえば、トヨタは、昔は織物をつくる機械を製造していたけど、今は自動車をつくる企業に進化した。任天堂も、昔は花札をつくっていたのが、今はゲーム機をつくる企業に進化してる。

アトム法律事務所も、15年前の設立時に、他の法律事務所はあまりやっていなかったウェブサイトの立ち上げをしたり、その後も、LINEで弁護士に簡単に相談できる仕組みをつくったり、ユーチューブやティックトックへの動画投稿をはじめたりしてきた。これってまさに、時代と環境に合わせてどんどん進化してきたってこと。

アトム法律事務所の50年後は、こんな感じになってるんちゃうかな～。

～50年後～

アトムの無料相談～♪
火星の事故でも判断～♪
宇宙にとどろく評判～♪
ピチピチチャプチャプランランラーン♪

結論

時代と環境に合わせて進化していく！

動画版が見られます

要点1

アトム法律事務所って、今までも時代と環境に合わせてどんどん進化してきた。

要点2

たとえば、事務所のウェブサイトの立ち上げ、ＬＩＮＥ相談、ユーチューブへの投稿など。

要点3

50年後は、宇宙にもアトム法律事務所の評判がとどろいてるかもな！

法律トリビア

弁護士の登録番号１番って誰？

現在の弁護士法ができてから１番最初に登録された、登録番号１番の弁護士。それは、津田義治っていう東京弁護士会に所属していた弁護士。

弁護士の登録番号って、1949年（昭和24年）に現在の弁護士法ができたあと、弁護士一人ひとりに割り振られるようになった番号。この登録番号を見れば、大体の弁護士歴がわかる。

たとえば、登録番号２万番台は弁護士歴20年以上、３万番台は14年～20年前後、４万番台は10年～13年前後、５万番台は４年～９年前後、６万番台は３年以下って感じ。

ちなみに、おれの登録番号は37890番。弁護士歴は15年やで。

最後まで『おとな六法』を読んでくれて、ありがとうございました。

ぼくもこの『おとな六法』で、法律に詳しくなれました！

せやろ〜。もしトラブルで困ったら、この本を開いて参考にしてみてな。

交通事故とか刑事事件とか、いきなり当事者になってしまうこともありますもんね。

トラブルが起きて、どう解決していいかわからないときは、問い合わせページ を見てみてな。それと、気軽にアトム法律事務所（0120-431-911）にも電話してみて！

あとがき

法律の世界には、「法の不知は罰する」という格言があります。これは、法律を知らなかったことを理由に、罪を免れることはできないという法律の原則のことです。分かりやすく言うと、法律違反をしてしまったときに、「法律を知らなかったので許してください」という言い訳は通用しないということです。

しかし、法律は難しい。理想を言えば、私たち一人ひとりが法律を知り、理解できることが望ましいです。ただ、法律は、内容を正確に規定しようとするがあまり、どうしても文章が複雑・難解になってしまいます。現実問題として、法律を正しく知り、理解することは、とてもハードルが高いと言わざるを得ません。

そこで、私たちアトム法律事務所は、日本に住む誰もが法律に親しみを持ち、法律的なトラブルのない生活を送れるようにと、ユーチューブやティックトックでの動画配信を始めました。この「おとな六法」は、私たちの4年間に及ぶ動画配信と、15年にわたる弁護士経験を、1冊の本に凝縮してまとめたものです。

「大人から子供まで法律が１００倍楽しくなる」——読者の皆さんが、この本をきっかけに法律を知り、安心して生活を送れることを心より願っています。

弁護士　岡野武志

アトム法律事務所一同

法律厳守

[著者略歴]
岡野武志(おかの・たけし)
アトム法律事務所 代表弁護士 第二東京弁護士会所属。高卒フリーター生活10年を経て、司法試験に合格。アトム法律事務所を創業し、グループ全国12拠点の法律事務所に成長させる。その後、2019年から法律をテーマにした動画配信を開始し、YouTube 国内ショート動画クリエイターランキング1位(2021年)、TikTok Creator Award 教育部門最優秀賞を2年連続で受賞(2021年、2022年)。現在のYouTubeチャンネル登録者数は150万人(2023年9月時点)。著書に『人生逆転最強メソッド』(KADOKAWA)がある。

アトム法律事務所
2008年、岡野武志によって東京永田町に設立された法律事務所。2023年9月現在、グループ全国12拠点を展開し、交通事故や刑事事件などの都市型トラブルを主に取り扱っている。一部、無料相談にも対応している。

おとな六法(ろっぽう)

2023年10月1日　初版発行
2024年3月3日　第11刷発行

著　者　岡野武志
　　　　アトム法律事務所

発行者　小早川幸一郎

発　行　株式会社クロスメディア・パブリッシング
〒151-0051 東京都渋谷区千駄ヶ谷4-20-3 東栄神宮外苑ビル
https://www.cm-publishing.co.jp
◎本の内容に関するお問い合わせ先：TEL(03) 5413-3140／FAX(03) 5413-3141

発　売　株式会社インプレス
〒101-0051 東京都千代田区神田神保町一丁目105番地
◎乱丁本・落丁本などのお問い合わせ先：FAX(03) 6837-5023
service@impress.co.jp
※古書店で購入されたものについてはお取り替えできません

印刷・製本　中央精版印刷株式会社

 ISBN978-4-295-40877-2　C2034